高职大数据与会计专业立体化课程改革系列教材

AUDIT

审 计

邱明明　杨智慧○主编

立信会计出版社
LIXIN ACCOUNTING PUBLISHING HOUSE

图书在版编目(CIP)数据

审计 / 邱明明，杨智慧主编. —上海：立信会计出版社，2023.9

ISBN 978-7-5429-7438-9

Ⅰ. ①审… Ⅱ. ①邱… ②杨… Ⅲ. ①审计—高等职业教育—教材 Ⅳ. ①F239

中国国家版本馆 CIP 数据核字(2023)第 203716 号

策划编辑　余　榕
责任编辑　余　榕
美术编辑　吴博闻

审计

SHENJI

出版发行	立信会计出版社		
地　　址	上海市中山西路 2230 号	邮政编码	200235
电　　话	(021)64411389	传　　真	(021)64411325
网　　址	www. lixinaph. com	电子邮箱	lixinaph2019@126. com
网上书店	http://lixin. jd. com		http://lxkjcbs. tmall. com
经　　销	各地新华书店		
印　　刷	浙江天地海印刷有限公司		
开　　本	787 毫米×1092 毫米	1/16	
印　　张	9. 5		
字　　数	249 千字		
版　　次	2023 年 9 月第 1 版		
印　　次	2023 年 9 月第 1 次		
书　　号	ISBN 978-7-5429-7438-9/F		
定　　价	49. 00 元		

前言

FOREWORD

党的二十大报告指出，教育、科技、人才是全面建设社会主义现代化国家的基础性、战略性支撑。根据国家对高等职业教育的要求，结合高职院校财会专业的学习特点和高职院校学生的就业要求，我们以对会计师事务所审计工作岗位的调查和多年的教学经验为基础，设计并编写了本教材。

本教材以培养学生审计职业岗位能力为核心，依据审计职业岗位能力需求，参照职业资格标准，以必需、够用为度，统筹考虑和选取教材内容。本教材包括6个项目：项目1是审计职业认知，项目2是接受业务委托，项目3是计划审计工作，项目4是控制测试和实质性程序，项目5是完成审计工作，项目6是审计助理岗位综合实训。其中，项目1至项目5根据不同的内容设置了不同的任务，在每个任务下又根据高职学生的特点和认知规律，配合学生技能培养和知识学习的需要设置了若干子任务；项目6以一个工业企业1年的生产经营活动为基础，进行审计岗位的综合模拟实训，实训内容涵盖了从了解被审计单位的内部控制和控制测试，到财务报表项目的实质性程序、编制审定后财务报表等审计助理岗位全流程操作。本教材在每个项目的最后一个任务后设置了[阅读·分享]栏目，精心选取与项目内容相关的拓展阅读资源，包括行业发展、名人轶事、政策要求、岗位能手事迹，旨在引导学生树立正确的人生观和价值观。

本教材具有以下特点：

首先，在内容上，本教材以简明适用为特征，精选和提炼会计师事务所审计业务中的常规业务，以审计工作流程为顺序编写，贴近工作实际。尤其是“项目6 审计助理岗位综合实训”的企业案例和审计工作底稿，由编写团队中两名具有国际会计师事务所工作经验的教师撰写，由在国内会计师事务所任职的兼职教师提供参考资源，校企合作开发企业年度审计案例，设计了一整套审计工作底稿和操作指导，真实呈现实际工作情境，旨在解决审计理论和实操脱节的问题。

其次，在结构上，本教材的编写遵循“以学生为中心、学习成果为导向，促进学生自主学习”的思路，集教学材料、学习材料、工作材料为一体，属于活页式的新型教材。

最后，在配套资源上，本教材还提供了二维码形式的案例资料、参考阅读、操作视频等配套电子资源，各项目后附有同步的练习题。此外，本教材以二维码的形式提供了 2 套综合测试题及其参考答案，以供学生在学完本教材内容后，进行综合检测。

本教材的建议使用方法如下：

(1) 组织学生建立模拟工作场景，以货币资金审计为例，角色包括审计人员或者小组、客户，资料包括审计工作底稿、客户资料(形式上均可拆卸)，工作任务包括现金盘点、银行函证等，工作过程包括审计人员向客户获取相应的资料，执行审计程序，完成工作底稿。

(2) 将教材进行重新组合排序，甚至实现不同课程的重组，将审计理论部分的知识和实训部分的工作底稿结合起来，采用“教、学、做”一体的教学方法，理论教学与实训教学同步，要求学生做学结合、边学边做。例如，在学习坏账准备审计时，学生可以将对应的理论和实训页拆卸组合，还可以将财务会计中坏账准备的知识以补充活页或者笔记形式添加在其中，使之成为一个专题，由教师引导学生完成一项完整的工作任务。

本教材是山东外贸职业学院与青岛可信财税事务所有限公司、山东立言会计师事务所校企合作的成果。本教材由邱明明、杨智慧担任主编，张逸、万颀钧担任副主编。在本教材的编写过程中，山东外贸职业学院邱明明老师负责确定基本框架结构，并进行教材初稿的统纂；青岛可信财税事务所有限公司总经理朱海燕、山东立言会计师事务所合伙人李新刚和天津中审联有限责任会计师事务所青岛分所经理王刚为本教材的编写提供了大量的企业原始凭证和审计工作底稿素材；山东外贸职业学院杨智慧、张逸、万颀钧、孙中平、孙志海、赵忠新、耿东等专任教师与企业兼职教师都参与了教材初稿的编写和教材二维码资源的制作，并在教材的教学试用过程中提出了许多宝贵意见，再次深表谢意！

作为校企合作的新型立体化、活页式教材，本教材所做的探索是初步的，由于编者水平有限，教材若存在不足之处，敬请读者批评指正。

综合测试题 A　　综合测试题 B　　综合测试题 A 参考答案　　综合测试题 B 参考答案

编者

2023 年 9 月

二维码资源导航

目　录
CONTENTS

项目 1

审计职业认知

◎【重点和难点】

1. 了解审计的目的。
2. 掌握注册会计师审计和政府审计、内部审计的区别。
3. 初步感知审计的整体流程。

◎【知识点思维导图】

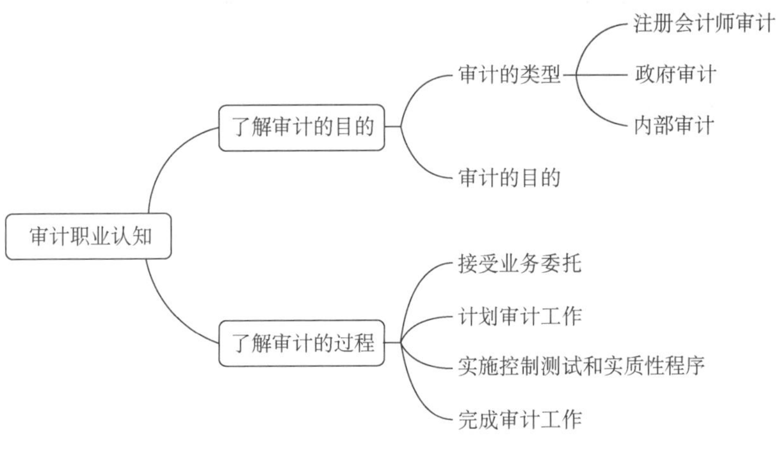

任务 1.1　了解审计的目的

一、任务布置

【任务 1-1-1】　思考:审计的目的

我们在生活中经常见到会计师事务所,其主要业务是审计、咨询等,本教材讨论的就是会计师事务所的审计业务。会计师事务所可以向各种企业提供审计服务,收取审计费。那么你是否有这样的疑问,为什么这些企业要请会计师事务所进行审计呢?所有企业都必须接受审计吗?

【任务 1-1-2】　区分:审计的三种类型

图 1-1　中华人民共和国审计署

图 1-2　会计师事务所

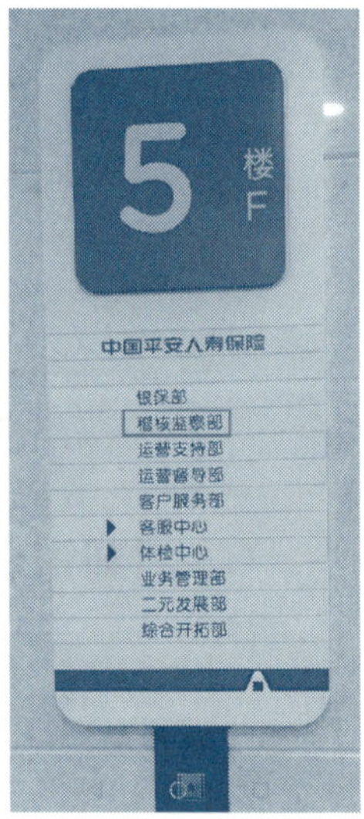

图 1-3　公司稽核部

根据图 1-1 至图 1-3 中的单位或者部门名称,判断它们分别属于哪种类型的审计组织?它们有何不同?请填写表 1-1。

表 1-1　　　　审计类型及其区别

图片编号		图 1-1	图 1-2	图 1-3
审计类型				
区别	审计主体			
	审计对象			

（续表）

图片编号		图1-1	图1-2	图1-3
区别	审计标准			
	审计独立性			
	经费或者收入来源			
	是否有强制力			
	发现问题的处理方式			

二、知识链接

(一) 审计的类型

注册会计师审计、政府审计、内部审计是审计的三种类型。

1. 注册会计师审计

注册会计师审计也称民间审计，是指注册会计师接受客户委托，对客户财务报表进行独立检查，确定其是否符合会计准则和相关会计制度，是否公允反映了财务状况、经营成果和现金流量，并发表意见。注册会计师审计依据的标准是《中国注册会计师执业准则》(其中包括《中国注册会计师审计准则》)。注册会计师审计最主要的特征是独立性，既独立于委托人，又独立于被审计单位，因此称为双向独立。注册会计师审计是市场行为，是有偿服务，在不违背法律法规的前提下，审计收费由注册会计师和客户协商确定；注册会计师在实施审计工作时很大程度上依赖于客户和相关单位、个人的配合和协助，但对客户和相关单位、个人没有强制力。注册会计师对审计过程中发现的问题只能提请企业调整有关数据或者进行披露，如果企业拒绝调整和披露，注册会计师根据具体情况在出具的审计报告中予以反映，没有强制、处罚的权利。

2. 政府审计

政府审计也称国家审计，是指政府审计机关(如中华人民共和国审计署和地方审计厅局)依法对政府部门的财政收支、国有金融机构和企事业组织的财务收支进行的检查监督，确定其是否真实、合法和具有效益。政府审计的依据是《中华人民共和国国家审计准则》。政府审计机构隶属国务院和各级人民政府领导，因此在独立性上体现为单向独立，即仅独立于被审计单位。政府审计是行政行为，政府审计机关履行职责所必需的经费由人民政府予以保证。政府审计是强制审计，相关单位和个人应当支持、协助审计机关工作，如实向审计机关反映情况，提供有关证明材料。审计机关对审计过程中发现的问题，如违反国家规定的财政收支、财务收支行为，可在职权范围内做出审计决定或者向有关主管机关提出处理、处罚意见。

3. 内部审计

内部审计是指组织内部专职审计机构或者人员实施的审计。它是组织内部的一种独立客观的监督和评价活动。它通过审查和评价组织的业务活动、内部控制和风险管理的适当性和有效性，以促进组织完善治理、增加价值和实现目标。内部审计的依据是《内部审计准则》。内部审计部门受本单位直接领导，强调与其所审计的其他职能部门相对独立。内部审计是组织内部行为，没有外部来源的经费。内部审计在组织内部有一定强制力，内部审计部门对审计过程中发现的问题可在职权范围内做出整改等处理决定或者向内部有关部门提出处理、处罚意见。

本教材以下所指的审计是注册会计师审计。

（二）审计的目的

企业是由经营者来经营的，而企业的投资者、债权人等需要知道经营管理层的实际运营状况。财务报表是反映这一情况的重要载体，但是财务报表是否真实公允无法保证，于是产生了委托独立的第三方即注册会计师进行审计的需求。注册会计师通过执行审计工作能够对财务报表是否不存在重大错报提供合理保证。因此，审计的目的是改善财务报表的质量，提高财务报表的可信度，为财务报表使用者做出决策提供可靠的信息。

任务 1.2　了解审计的过程

一、任务布置

【任务 1-2】 讨论：审计工作分几步走

下列工作分别属于审计过程中的哪个阶段：

（1）事务所正在和潜在客户山东悦美旅游公司（以下简称“山东悦美”）洽谈。

（2）审计项目组正在为刚刚启动的山东悦美年度审计项目计算重要性水平。

（3）审计项目组到达山东悦美进行现场审计，按照审计计划执行审计程序，包括检查该公司的内部控制，执行现金监盘、银行函证、往来函证、抽查凭证等工作。

（4）出具审计报告。

二、知识链接

审计的过程大致可以分为以下几个阶段。

（一）接受业务委托

会计师事务所决定是否接受一项审计业务时，应谨慎决策，识别和评估会计师事务所面临的风险。例如，如果注册会计师发现潜在客户（会计师事务所的客户即被审计单位）正面临财务困难，或者曾有不诚信的行为，那么可以认为接受该项审计业务的风险非常高，甚至是不可接受的。会计师事务所除了考虑客户的风险，还需要考虑自身执行业务的能力等。接受业务委托的详细内容见项目 2。

（二）计划审计工作

注册会计师在执行具体审计工作之前，必须制订科学、合理的审计计划。审计计划主要包括开展初步的业务活动、确定计划阶段的重要性水平、制订审计计划。

需要说明的是，现行的风险导向的审计模式要求注册会计师在执行具体的审计工作之前，必须首先识别和评估财务报表在哪些领域可能存在发生重大错报的风险，这个过程称为风险评估；其次再根据评估出来的重大错报风险，有针对性地使用一定的审计方法和步骤（即审计程序)，来发现财务报表中可能存在的重大错报，这个过程称为风险应对。在制订审计计划时，注册会计师需要先计划如何进行风险评估，然后计划如何进行风险应对，但是风险应对需要根据风险评估的结果来进行。因此，为达到制订审计计划的要求，注册会计师需要先完成风险评估。其详细内容见项目3。

(三) 实施控制测试和实质性程序

注册会计师在计划审计阶段完成了风险评估，制订好了风险应对的计划，接下来就开始实施具体的风险应对措施了。控制测试和实质性程序都是进行风险应对的具体审计程序。其详细内容见项目4。

(四) 完成审计工作

控制测试和实质性程序完成以后，审计工作接近尾声，注册会计师最后需完成审计工作并编制审计报告。其详细内容见项目5。

在实施整个审计过程中，注册会计师需要编制审计工作底稿，详细地记录审计的全过程，包括制订的审计计划、实施的审计程序、获取的审计证据、得出的审计结论。审计工作底稿的样例见本教材项目6。审计工作底稿是对注册会计师的审计过程的反映。

阅读·分享

我国注册会计师审计的发展

从世界范围来看，公司制度产生于19世纪中期，与之相对应，注册会计师制度也产生于这一时期。我国注册会计师制度出现于20世纪初，伴随着市场经济的萌芽与发展而产生。新中国成立初期，在计划经济体制下，注册会计师制度一度中断，1978年我国做出“对外开放、对内搞活”改革开放的伟大决策，为保护投资者利益，迫切需要重建注册会计师制度。1980年，我国开始重建注册会计师制度。1988年，中国注册会计师协会(以下简称“中注协”)成立，它是注册会计师行业的全国组织。1993年，《中华人民共和国注册会计师法》颁布，注册会计师行业成为最早拥有专门立法的专业服务业。2009年，国务院办公厅转发财政部《关于加快发展我国注册会计师行业的若干意见》，该意见是新时期指导注册会计师行业中长期发展的纲领性文件。2012年，习近平同志对注册会计师行业做出重要批示，要求“紧紧抓住服务国家建设这个主题和诚信建设这条主线”，对行业发展提出了新期望和新要求，为行业科学发展指明了方向。2023年，财政部印发《注册会计师行业诚信建设纲要》，对注册会计师行业诚信建设进行全面系统部署，全面助力社会信用体系建设。

请登录中注协网站，查询最新发布的“会计师事务所综合评价百家排名信息”中有哪些会计师事务所。

练　习　题

一、单项选择题

1. 注册会计师审计是对(　　)进行独立检查，确定其是否符合会计准则和相关会计制度，是否公允反映了财务状况、经营成果和现金流量，并发表意见。

A. 财务收支　　B. 经营情况　　C. 资金状况　　D. 财务报表

2. 注册会计师审计依据的标准是（　　）。

A. 企业会计准则　　B. 注册会计师审计准则

C. 审计法　　D. 国家审计准则

3. 下列有关财务报表审计的说法中，错误的是（　　）。

A. 审计可以有效满足财务报表预期使用者的需求

B. 审计的目的是增强财务报表预期使用者对财务报表的信赖程度

C. 审计涉及为财务报表预期使用者如何利用相关信息提供建议

D. 财务报表审计的基础是注册会计师的独立性和专业性

4. 下列各项中，不属于审计工作底稿作用的是（　　）。

A. 便于审计人员组织审计工作

B. 有助于审计人员形成审计报告

C. 用于形成财务报告

D. 证明审计工作已按照审计准则的要求进行

5. 会计师事务所对被审计单位进行审计所形成的审计工作底稿，其所有权应归属于（　　）。

A. 执行审计业务的注册会计师

B. 被审计单位

C. 审计委托人

D. 执行审计业务的会计师事务所

6. 审计最主要的特征是（　　）。

A. 专业性　　B. 一贯性　　C. 准确性　　D. 独立性

7. 我国注册会计师可能承担的法律责任是（　　）。

A. 民事责任、刑事责任

B. 行政责任、刑事责任

C. 民事责任、行政责任、刑事责任

D. 民事责任、行政责任

二、多项选择题

1. 下列有关注册会计师审计的说法中，正确的有（　　）。

A. 注册会计师审计是一种有偿审计

B. 注册会计师在执行审计工作时可以利用内部审计的工作成果

C. 注册会计师审计体现为双向独立

D. 注册会计师审计可以对财务报表进行事前预测

2. 下列关于注册会计师审计、政府审计、内部审计的说法中，正确的有（　　）。

A. 注册会计师审计是强制审计，而政府审计是受托审计

B. 内部审计对外起鉴证作用

C. 内部审计仅强调与所审的其他职能部门相对独立

D. 注册会计师审计的目标是对财务报表的合法性和公允性发表审计意见，而政府审计的

目标是对各级政府及其部门的财政收支及公共资金的收支、运用情况进行审计

三、业务题

假设周萍在青岛合诚会计师事务所审计部工作,她的同学陈星在日照市审计局财政审计处工作,她的亲戚周海在浙江普新科技有限责任公司审计部工作。

要求:请问这三人的工作分别属于审计的哪种类型?

项目 2

接受业务委托

【重点和难点】

1. 判断影响独立性的情形。
2. 了解客户承接和续约中的风险。

【知识点思维导图】

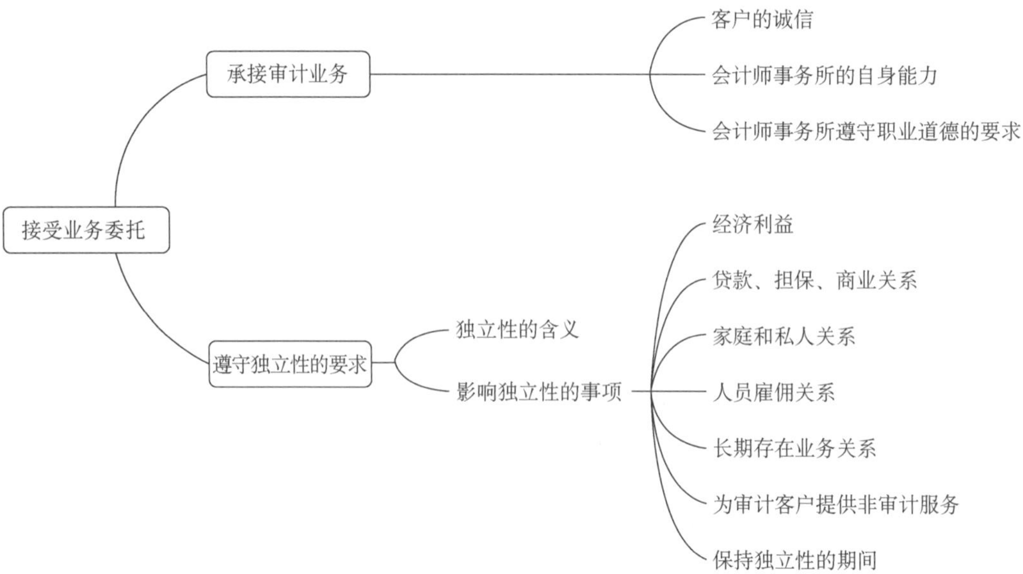

任务 2.1　承接审计业务

一、任务布置

【任务 2-1】　案例分析:安然公司事件

安然公司——美国曾经最大的能源公司,曾以 750 亿美元市值在《财富》杂志世界 500 强企业中名列第七,但 2001 年该公司爆出财务造假丑闻。从 1997 年以来安然公司虚报盈利近 6 亿美元,2001 年 10 月该公司宣告季度亏损 6.18 亿美元,2001 年年底该公司破产。

安然公司的审计师是原"五大"国际会计师事务所之一的安达信会计师事务所,因其为安然公司出具了严重失实的审计报告而被提起诉讼,最终倒闭。时至今日,尚有四大国际会计师事务所,即普华永道、安永、毕马威和德勤。

安达信会计师事务所在 1997—2000 年为安然公司出具的审计报告均为无保留意见。安达信会计师事务所在为安然公司提供审计服务的同时,还提供收入不菲的咨询业务。2000 年,安达信会计师事务所从安然公司获得了约 5 200 万美元的服务费用,其中:2 500 万美元是审计费用,2 700 万美元是咨询和其他服务费用。安然公司的许多高层管理人员为安达信会计师事务所的前雇员。在东窗事发之后,安达信会计师事务所高层管理人员居然下令销毁和安然公司有关的审计档案。

安然公司的主营业务原来是天然气、石油销售,后来转向复杂的金融产品交易等新型的市场领域。安然公司具有极其复杂的组织结构、业务形式和关联关系,财务报表也极其复杂、令人费解。美国国会议员 John Dingell 说:"我们在这里看到的是一个最复杂的财务报告的例子,他们用这种复杂性来使事实变得模糊难辨。"甚至有人说,即使是运营该公司的人也从不了解他们的业务框架,因为它太复杂了。安然公司业务和财务报表的复杂性、不确定性,也使审计师的专业胜任能力受到很大的挑战。会计制度中对新型的、复杂的金融产品的收益确认本来就是难以判断的,审计师执业风险大大增加。安达信会计师事务所的首席执行官承认:"事务所的职业判断出了差错"。

请搜集关于安然公司事件的信息,结合以上资料,讨论:审计师应从中吸取哪些教训?(提示:可以从客户承接和续约应考虑的几个方面来分析)

二、知识链接

会计师事务所开展业务活动的第一个环节就是做出客户承接和续约的决策。客户承接是指接受新客户或者接受现有客户的新业务;续约是指与现有客户保持以前的业务关系,继续为其提供与以前相同的服务。这个决策至关重要,因为不恰当的客户可能导致会计师事务所和注册会计师蒙受信誉和经济上的损失。

在做出客户承接和续约的决策时,会计师事务所至少要考虑以下方面。

(一) 客户的诚信

客户的诚信问题虽然不会必然导致财务报表产生重大错报,但绝大多数的审计问题都来源于不诚信的客户。因此,注册会计师应当了解客户的诚信状况,拒绝不诚信的客户,以降低业务风险。例如，如果注册会计师发现潜在客户正面临财务困难，或者发现现有客户曾做出虚假陈述，那么可以认为承接或者保持该客户的风险非常高，甚至是不可接受的。

会计师事务所在评价客户诚信情况时，可以通过下列途径，获取与客户诚信相关的信息：①与为客户提供专业会计服务的现任或者前任人员进行沟通；询问金融机构、法律顾问和客户的同行等第三方。②从相关数据库中搜索客户的背景信息，如通过客户的年报、中期财务报表、向监管机构提交的报告等，获取相关信息。③利用调查机构对客户的经营情况、管理人员及其他有问题的人员进行背景调查。

有时，会计师事务所对潜在客户进行充分了解是非常困难的，需要投入大量时间和精力。在客户承接过程中，注册会计师需要较高的职业判断能力，以及高度的职业敏感性和丰富的执业经验，所以，会计师事务所应当安排职位较高的注册会计师执行此类工作。

(二) 会计师事务所的自身能力

这主要包括是否具有执行该项业务必要的专业能力、足够的人员和时间。例如，当工作需要时，会计师事务所能否获得合适的具有相应资格的员工，能否获得专业化协助，能否在与客户约定的期限内完成审计工作等。

(三) 会计师事务所遵守职业道德的要求

为规范中国注册会计师职业行为，提高职业道德水准，维护职业形象，中国注册会计师协会制定了《中国注册会计师职业道德守则》。其基本原则包括诚信、客观公正、独立性、专业胜任能力和勤勉尽责、保密、良好职业行为。其中，独立性是审计业务的前提。

任务 2.2　遵守独立性的要求

一、任务布置

【任务 2-2】　签署独立性声明

会计师事务所通常要求参与审计项目的每一名员工在审计工作开始之前签署独立性声明，声明其没有违反独立性要求的情形。假设你作为高质模具有限责任公司 2022 年度审计项目组成员，请将以下独立性声明填写完整并签署姓名。

独立性声明

本人接受委托审计________________(以下简称“公司”)截至____年____月____日的财务报表，现就本人在审计过程中的独立性声明如下：

1. 本人及本人的主要近亲属与被审计单位及其母公司、子公司、关联公司没有直接或间接的经济利益关系。

2. 本人及本人的主要近亲属绝不购买经本公司审计的上市公司股票。

3. 本人及本人的主要近亲属没有担任被审计单位及其母公司、子公司、关联公司的董事、高级管理人员或能够对审计财务报表或会计记录的编制施加重大影响的职位的员工(以下简称“特定员工”)。

4. 本人及本人的主要近亲属没有为被审计单位提供直接影响审计鉴证业务对象的其他服务。

5. 本人及本人的主要近亲属与被审计单位不存在雇佣关系，如最近曾担任被审计单位的董事、高级管理人员或特定员工。

6. 本人及本人的主要近亲属没有与该项审计业务客户存在经营关系(如合作经营)。

7. 本人及本人的主要近亲属没有存在与该项审计业务有关的或有收费。

8. 本人及本人的主要近亲属绝不接受被审计单位或其董事、高级管理人员、特定员工的贵重礼品或超出社会礼仪的款待。

9. 本人按规定及时向本所报告对独立性造成威胁的情况和关系(如有);遵守《中国注册会计师职业道德守则》和本所有关的独立性的规定,按照法律法规、职业道德规范和审计准则的规定执行业务。

本人郑重声明,上述回答是真实、准确和完整的,保证不存在任何虚假记载、误导性陈述或遗漏。

声明人:

日期:2022 年 10 月 18 日

二、知识链接

(一) 独立性的含义

独立性是指不受外来力量控制、支配,按照一定规则行事。如果注册会计师不能与客户保持独立,而是存在经济利益关系,或者屈从于外界压力等,就很难取信于社会公众。因此,在执行审计业务时,注册会计师必须保持独立性。

(二) 影响独立性的事项

影响独立性的事项主要包括:

(1) 经济利益。如果会计师事务所、审计项目组成员或者其主要近亲属(如配偶、父母、子女等,下同)在审计客户中拥有经济利益,可能对独立性产生不利影响。

【例 2-1】 A 公司是甲会计师事务所的常年审计客户,请判断以下事项是否违反注册会计师独立性规定?

事项①:审计项目组成员持有 A 公司 10 000 股股票。

事项②:甲会计师事务所收入的 70%都来源于 A 公司。

答:事项①违反。这种直接的经济利益可能影响其执行审计工作时的独立性。

事项②违反。甲会计师事务所大部分收入来源于某一个客户,可能产生对该客户的过分依赖,从而影响独立性。

(2) 贷款、担保、商业关系。如果会计师事务所、审计项目组成员或者其主要近亲属按照正常程序、条款和条件从银行或者类似金融机构等审计客户取得贷款、获得担保、开立存款账户,而且金额对于双方都不重大,那么一般不会对独立性产生不利影响。但是除此以外的情况,与审计客户发生贷款、担保、开立存款账户都会对独立性产生不利影响。

如果会计师事务所、审计项目组成员或者其主要近亲属与审计客户或者其高级管理人员之间存在密切的商业关系,如与审计客户合作从事某项业务,会对独立性产生不利影响。从审计客户处购买商品或者服务,如果按照正常的商业程序公平交易,通常不会对独立性产生不利影响,但如果交易性质特殊或者金额较大,则可能对独立性产生不利影响。

【例 2-2】 请指出下列事项是否存在违反《中国注册会计师职业道德守则》的情况,并简要说明理由。

事项①:A 注册会计师是甲银行 2022 年度财务报表审计项目组成员,其于 2022 年 10 月按正常商业条件在甲银行开立账户，并存入 10 000 元定期存款。

事项②：审计项目组成员 B 注册会计师通过银行按揭，按照市场价格 500 万元购买了审计客户乙公司出售的公寓房一套。

事项③：会计师事务所与审计客户某投资银行共同组成服务团队的形式，向客户提供审计、公司财务顾问等一揽子专业服务。

答：事项①不违反。理由：A 注册会计师按正常商业条件在甲银行开立账户，且交易金额不大，不会对独立性产生不利影响。

事项②违反。理由：该交易金额对 B 注册会计师而言较大，可能因自身利益对独立性产生不利影响。

事项③违反。理由：这种关系属于商业关系，会对独立性产生不利影响，会计师事务所不得介入此类商业关系。

(3) 家庭和私人关系。如果审计项目组成员与审计客户的关键管理人员之间存在家庭和私人关系，可能对独立性产生不利影响。例如，如果审计项目组成员的主要近亲属是审计客户的财务总监，那么只有将该成员调离审计项目组才能消除对独立性的不利影响。

(4) 人员雇佣关系。如果审计客户的关键管理人员曾经是审计项目组的成员或者会计师事务所的合伙人，或者审计项目组的成员最近曾担任审计客户的关键管理人员或者兼职，都可能因密切关系或者外在压力对独立性产生不利影响。

如果审计客户是上市公司，那么对独立性的要求更加严格。如果某一关键审计合伙人(包括项目合伙人、项目质量复核人员等)加入属于公众利益实体(如上市公司)的审计客户，担任董事、高级管理人员(总经理、副总经理、财务总监、董事会秘书)或者特定员工，那么，如果该合伙人不再担任该公众利益实体的关键审计合伙人后，该公众利益实体发布的已审计财务报表涵盖期间不少于 12 个月，并且该合伙人未参与该财务报表的审计，则独立性不受到损害，否则独立性将视为受到损害。

【例 2-3】 假设某上市公司是甲会计师事务所的常年审计客户，张某曾担任该上市公司 2021 年度审计的项目合伙人。2022 年 6 月开始，张某不再参与该客户的审计项目。该上市公司发布 2022 年度已审计财务报表的日期是 2023 年 3 月 31 日，那么张某最早可以加入该上市公司并担任董事、高级管理人员等重要职位的日期是哪一天？

答：2023 年 4 月 1 日。理由：此时同时满足两个条件：①张某不再担任该上市公司关键审计合伙人后，该上市公司发布的 2022 年度财务报表涵盖期间是 12 个月(年度报表满足 12 个月，季度、半年度报表不满足)。②张某未参与该上市公司 2022 年度财务报表的审计。

(5) 长期存在业务关系。会计师事务所长期委派同一名合伙人或者高级员工执行某一客户的审计业务，可能对独立性产生不利影响，通常轮换时间为 5 年。例如，同一名合伙人已连续 7 年执行某一客户的审计业务，则该合伙人可能与审计客户存在密切关系，影响其执行审计业务时的独立性。

(6) 为审计客户提供非审计服务。会计师事务所向审计客户提供非审计服务，可能对独立性产生不利影响。例如，会计师事务所向审计客户提供编制会计记录或者财务报表的服务，随后又审计该财务报表，会导致自我评价，对独立性产生不利影响。

(7) 保持独立性的期间。注册会计师应当在业务期间和财务报表涵盖的期间独立于审计客户。业务期间是指自审计项目组开始执行审计业务之日起，至出具审计报告之日止。

如果审计业务具有连续性，业务期间结束日应以其中一方通知解除业务关系或出具最终审计报告两者时间孰晚为准。

【例 2-4】 假设 ABC 会计师事务所于 2021 年 9 月 1 日首次接受委托，承接甲上市公司 2021 年财务报表审计业务，双方约定 2023 年 4 月 5 日对 2022 年度的财务报表出具审计报告，并且决定在 2023 年 6 月 1 日后双方终止审计业务关系。则 ABC 会计师事务所应当保持独立性的期间是(　　)。

A. 2021 年 1 月 1 日至 2023 年 4 月 5 日

B. 2021 年 1 月 1 日至 2023 年 6 月 1 日

C. 2021 年 9 月 1 日至 2023 年 4 月 5 日

D. 2021 年 9 月 1 日至 2023 年 6 月 1 日

答案：B。

(三) 编制客户承接/续约评价表

注册会计师应在做出客户承接和续约的决策过程中，搜集相关资料，对上述应考虑的事项做出评价，并记录在审计工作底稿中。下面列出客户承接/续约评价表的样例以供参考。

【样例】

客户承接/续约评价表

第一部分：客户基本情况

1. 名称：________________

　地址：________________

　电话：__________　传真：__________　电子信箱：__________

　网址：________________

　联系人：________________

2. 主要业务：________________

____

____

3. 所有权结构、股东名称、注册资本、实收资本、公司成立日期

____

____

4. 子公司、合营企业、联营企业、分公司的基本情况

____

____

5. 行业风险、发展趋势和竞争情况

____

____

6. 内部控制情况

____

____

第二部分:审计业务基本情况

1. 审计报告用途:

2. 提交审计报告的时间:

第三部分:评价客户的诚信

考虑因素:

1. 客户主要股东、关键管理人员及治理层的身份和商业信誉。

2. 客户的经营性质,包括其业务。

3. 客户主要股东、关键管理人员及治理层对内部控制环境和会计准则等的态度。

4. 客户是否过分考虑将会计师事务所的收费维持在尽可能低的水平。

5. 工作范围受到不适当限制的迹象。

6. 客户可能涉嫌洗钱或者其他刑事犯罪行为的迹象。

7. 变更会计师事务所的原因。

8. 关联方的名称、特征和商业信誉。

9. 其他可能影响客户诚信的事项。

第四部分:评价独立性

1. 识别并记录会计师事务所是否存在自身利益威胁、自我评价威胁、过度推介威胁、密切关系威胁和外在压力威胁等损害独立性的情形。这些情形包括但不限于:

(1) 向该客户收取的全部费用是否在会计师事务所收入总额中占有很大比重?

(2) 是否存在或有收费?

(3) 是否存在逾期收费?

(4) 会计师事务所的审计人员是否曾接受客户提供的贵重礼品或者超规格招待?

(5) 会计师事务所是否与客户发生诉讼或者可能发生诉讼?

(6) 会计师事务所高级管理人员是否与客户的董事或者高级管理人员存在直系亲属或者近缘亲属关系?

(7) 会计师事务所高级管理人员是否与客户对财务报表产生重大影响的员工存在直系亲属或者近缘亲属关系?

(8) 客户的董事或者高级管理人员,或者所处职位能够对财务报表产生重大影响的员工近期是否曾是会计师事务所的合伙人?

(9) 会计师事务所是否在客户中拥有经济利益?

(10) 会计师事务所是否为客户提供可能威胁独立性的服务,包括行使管理层职责的服务、代理记账或者代编报表等服务?

(11) 会计师事务所是否在法律诉讼中以客户名义进行辩护或者在共同的推广活动中以客户名义进行宣传?

(12) 是否存在会计师事务所同一名高级职员多年执行该客户审计业务的情况?

2. 如果对上述问题回答"是",说明采取的防范措施。

第五部分:评价专业胜任能力、时间和资源

1. 根据会计师事务所目前的人力资源情况,是否拥有足够的具有必要素质和专业胜任能力的人员组成项目组?

2. 是否能够在提交报告的最后期限内完成业务？

3. 项目组关键人员是否熟悉客户所处行业及主要业务，是否能够获取对客户及其环境的整体了解？

4. 项目组关键人员是否充分了解适用于客户所处行业的会计处理？如否，是否能够获取相关知识，说明途径。

5. 执行业务是否需要特定专业知识？如是，是否能够获取这些知识或者利用专家的工作，说明途径。

6. 如果需要项目质量控制复核，是否具备符合标准和资格要求的项目质量控制复核人员？

阅读·分享

潘序伦的审计故事

潘序伦是中国现代杰出的会计专家、教育家，国务院原副总理李岚清同志称其为“现代会计学宗师，职业教育之楷模”。潘序伦先生曾说，国家好比一架飞机，一翼是军工科技，一翼是财经会计，只有这样，国家才能腾飞于世界民族之林。

20世纪30年代初期，中华民族到了生死存亡的关键时刻，抗日救亡运动迅速兴起。这时发生了一起“经济纠纷”。当时作为生活书店负责人的邹韬奋先生承担着募集抗日捐款的任务，敌人造谣惑众说其账目不清，潘序伦主动请缨，出面为邹韬奋先生做审计。潘序伦创办的立信会计师事务所受托稽核了13个经募单位的账目，证实共收到捐款502万余元，援助了东北义勇军337万多元，其余165万多元作了慰问十九路军和救济上海战区难民之用。最后，他又对全部收支账目出具证明，公诸社会，使流言蜚语不攻自破。

在20世纪40年代初期，潘序伦利用自己的社会地位、以“立信”的名义，秘密为《新华日报》提供了充足的纸张。他还为运输安全考虑，设计和题写了篆体“立信”的圆形图案，向国民政府的商标局申请了注册商标。新闻纸经包装后盖上“立信”的商标和“重庆立信图书用品社”的红色大印，船装车载，虽然沿途国民党军、警、宪、特的关卡林立，但一路能够顺利通过各种检查，平安运达重庆新华日报社。

你还知道我国注册会计师行业的哪些著名人物，和同学们分享一下他们的事迹和贡献。

资料来源：立信会计师事务所.《立信走出的革命先驱》系列连载：立信创始人、会计学之父潘序伦[EB/OL].(2021-6-16)[2023-6-6]. https://mp.weixin.qq.com/s/1N1qTRPXEF4Kvk0hhSmgbA.

练 习 题

一、单项选择题

1. 下列描述中，违反保密原则的是（　　）。

A. 事前没有经过客户同意，为法律诉讼出示文件或者提供证据

B. 接受注册会计师协会或者监管机构的质量检查

C. 没有经过客户的同意，前任注册会计师即为后任注册会计师提供工作底稿

D. 向有关监管机构报告发现的违法行为

2. 甲企业和乙企业同为电信领域最大的服务商,A 会计师事务所欲同时承接这两个客户的年报审计业务,在承接业务前,下列做法中,错误的是(　　)。

A. 分别告知甲企业和乙企业并征得它们的同意

B. 如果客户不同意,A 会计师事务所只能选择为一方提供服务

C. 如果客户同意,A 会计师事务所需要分派不同项目组为甲企业和乙企业提供服务

D. A 会计师事务所应当履行告知义务,但无须征得客户的同意

3. 下列注册会计师的审计收费中,符合规范的是(　　)。

A. 按利润总额的一定百分比收费

B. 按营业收入的一定百分比收费

C. 按上市成功与否收费

D. 按审计资源的投入确定收费

4. 会计师事务所为被审计单位提供的下列工作中,将损害财务报表审计独立性的是(　　)。

A. 新进员工入职培训

B. 提供资产评估服务

C. 内部控制审计

D. 举办新会计准则讲座

二、多项选择题

1. 下列各项中,会计师事务所在执行客户接受与保持程序时应当获取相关信息的有(　　)。

A. 具有执行业务必要的素质和专业胜任能力

B. 没有信息表明客户缺乏诚信

C. 能够遵守相关职业道德要求

D. 具有执行业务必要的时间和资源

2. 下列事项中,对独立性产生不利影响的有(　　)。

A. 注册会计师的妻子在其审计单位担任出纳

B. 注册会计师在其所设计的财务信息系统的公司中担任审计

C. 注册会计师决定按 5 折进行审计收费,相应压缩审计人手

D. 注册会计师配偶在被审计银行正常开立存款账户

3. 下列行为中,对会计师事务所和注册会计师独立性构成不利影响的有(　　)。

A. 注册会计师搭乘审计客户的航班

B. 注册会计师到审计客户某银行处按正常条件办理房贷

C. 注册会计师担任审计客户的会计顾问

D. 会计师事务所的办公用房是向被审计单位租用的

4. 审计小组成员顾英的丈夫是审计客户甲公司的股东,下列防范措施中,能够消除威胁独立性情形的有(　　)。

A. 顾英审计甲公司前要求其丈夫出售持有甲公司的全部股份

B. 将顾英调离审计小组

C. 在审计报告意见段后增加强调事项段

D. 请其他注册会计师复核顾英的审计工作底稿

三、业务题

1. 甲上市公司是 ABC 会计师事务所的常年审计客户。该事务所的项目组在甲上市公司 2022 年度财务报表审计中遇到下列事项：

(1) 项目合伙人注册会计师王某的妻子在甲上市公司 2021 年年度报告公告后购买了甲上市公司股票 3 000 股，在 2022 年度审计工作开始前卖出了这些股票。

(2) 注册会计师赵某曾担任甲上市公司 2021 年度财务报表审计的项目质量复核人，于 2022 年 5 月退休。2023 年 1 月 1 日，注册会计师赵某受聘担任甲上市公司独立董事。

(3) ABC 会计师事务所的合伙人陈某的丈夫是甲上市公司培训部经理。合伙人陈某不是审计项目组成员，没有为甲上市公司提供任何服务。

(4) 甲上市公司聘请 ABC 会计师事务所和某系统实施服务商共同提供财务系统的优化设计和实施服务。

(5) 乙公司是甲上市公司的子公司，从事小额贷款业务。2022 年 12 月，乙公司和 ABC 会计师事务所联合对外发布行业研究报告，对该行业现状与前景进行分析，并介绍了乙公司的业务。

要求：请逐项指出上述事项是否违反了注册会计师职业道德守则有关独立性的规定，简要说明理由，并把结果填入表 2-1 中。

表 2-1　是否违反独立性规定及理由

事项序号	是否违反独立性规定	理　由
(1)		
(2)		
(3)		
(4)		
(5)		

2. 阅读二维码所列示出的案例资料，查找中注协网站(www. cicpa. org. cn)中的相关新闻报道，讨论并回答以下问题：

(1) 上市公司年报披露截止日是哪一天?

(2) 上市公司变更会计师事务所的原因可能有哪些?

(3) 根据案例资料，承接审计业务要考虑哪些方面的风险?

中注协约谈会计师事务所资料

项目 3

计划审计工作

【重点和难点】

1. 掌握重要性水平的确定方法。
2. 掌握风险评估的方法，尤其是如何了解被审计单位内部控制。

【知识点思维导图】

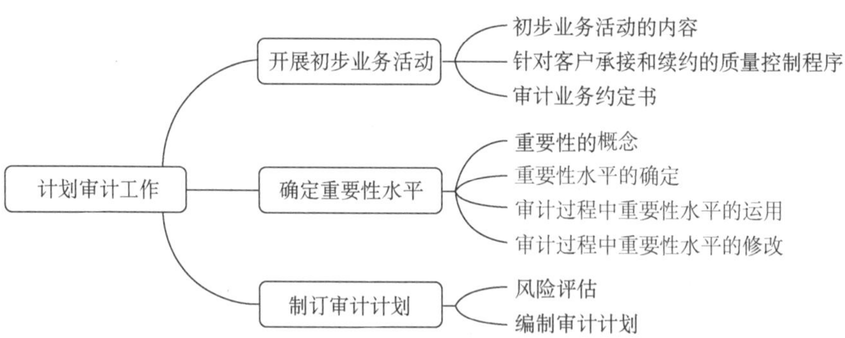

任务 3.1　开展初步业务活动

一、任务布置

【任务 3-1】　拟定审计业务约定书

恒信会计师事务所正在准备承接高质模具有限责任公司的财务报表审计业务，该公司是续约客户，其2021年的财务报表由恒信会计师事务所审计。项目合伙人和项目经理已完成前期的调查和沟通。

项目经理请你使用下面的审计业务约定书模板，草拟审计业务约定书，将横线部分填写上合适的内容，并将模板中不适用的部分删除。

项目经理介绍，此次承接的是该公司2022年的年度审计业务，该公司按照《企业会计准则》处理会计业务，与客户协商确定的审计报告日是2023年4月10日，审计费已谈妥为6万元，自约定书签署之日起5日内支付50%，剩余审计费在审计报告提交日付清，审计报告寄送给客户一式三份。该客户不是集团公司，不属于集团财务报表审计。

【模板】

审计业务约定书

甲方：________________________________

乙方：________________________________

兹由甲方委托乙方对2022年度财务报表进行审计，经双方协商，达成以下约定：

一、审计的目标和范围

1. 乙方接受甲方委托，对甲方按照《　　　　　　》编制的________年______月______日的资产负债表，________年度的利润表、现金流量表、所有者权益变动表以及财务报表附注(以下统称“财务报表”)进行审计。

2. 乙方通过执行审计工作，对财务报表的下列方面发表审计意见：①财务报表是否在所有重大方面按照《企业会计准则》的规定编制。②财务报表是否在所有重大方面公允反映了甲方________年______月______日的财务状况以及________年度的经营成果和现金流量。

二、甲方的责任

1. 根据《中华人民共和国会计法》及《企业财务会计报告条例》，甲方及甲方负责人有责任保证会计资料的真实性和完整性。因此，甲方管理层有责任妥善保存和提供会计记录(包括但不限于会计凭证、会计账簿及其他会计资料)，这些记录必须真实、完整地反映甲方的财务状况、经营成果和现金流量。

2. 按照《企业会计制度》的规定编制和公允列报财务报表是甲方管理层的责任，这种责任包括：①按照《企业会计制度》的规定编制财务报表，并使其实现公允反映。②设计、执行和维护必要的内部控制，以使财务报表不存在由于舞弊或者错误导致的重大错报。

3. 及时为乙方的审计工作提供任何与审计有关的记录、文件和所需的其他信息。如果在审计过程中需要补充资料，亦应及时提供，并保证所提供资料的真实性和完整性。

4. 确保乙方不受限制地接触其认为必要的甲方内部人员和其他相关人员。

[下段适用于集团财务报表审计业务，使用时需根据客户/约定项目的特定情况修改，如果加入此段，应相应修改本约定书第一项关于业务范围的表述，并调整下面其他条款的编号。]

【5. 为满足乙方对甲方合并财务报表发表审计意见的需要，甲方须确保：

乙方和对组成部分财务信息执行相关工作的组成部分注册会计师之间的沟通不受任何限制。

乙方及时获悉组成部分注册会计师与组成部分治理层和管理层之间的重要沟通(包括就值得关注的内部控制缺陷进行的沟通)。

乙方及时获悉组成部分治理层和管理层与监管机构就与财务信息有关的事项进行的重要沟通。

在乙方认为必要时，允许乙方接触组成部分的信息、组成部分管理层或者组成部分注册会计师(包括组成部分注册会计师的工作底稿)，并允许乙方对组成部分的财务信息执行相关工作。】

5. 甲方管理层对其做出的与审计有关的声明予以书面确认。

6. 为乙方派出的有关工作人员提供必要的工作条件和协助，乙方将于外勤工作开始前提供主要事项清单。

7. 按照本约定书的约定及时足额支付审计费用以及乙方人员在审计期间的交通、食宿和其他相关费用。

8. 乙方的审计不能减轻甲方及甲方管理层的责任。

三、乙方的责任

1. 乙方的责任是在执行审计工作的基础上对甲方财务报表发表审计意见。乙方根据《中国注册会计师审计准则》的规定执行审计工作。《中国注册会计师审计准则》要求注册会计师遵守《中国注册会计师职业道德守则》，计划和执行审计工作以对财务报表是否不存在重大错报获取合理保证。

[下段适用于集团财务报表审计业务，使用时需根据客户/约定项目的特定情况修改，如果加入此段，应相应修改本约定书第一项关于业务范围的表述，并调整下面其他条款的编号。]

【2. 对不由乙方执行相关工作的组成部分财务信息，乙方不单独出具报告；有关的责任由对该组成部分执行相关工作的组成部分注册会计师及其所在的会计师事务所承担。】

2. 审计工作涉及实施审计程序，以获取有关财务报表金额和披露的审计证据。选择的审计程序取决于乙方的判断，包括对由于舞弊或者错误导致的财务报表重大错报风险的评估。在进行风险评估时，乙方考虑与财务报表编制和公允列报相关的内部控制，以设计恰当的审计程序，但目的并非对内部控制的有效性发表意见。审计工作还包括评价管理层选用会计政策的恰当性和做出会计估计的合理性，以及评价财务报表的总体列报。

3. 由于审计和内部控制的固有限制，即使按照《中国注册会计师审计准则》的规定适当地计划和执行审计工作，仍不可避免地存在财务报表的某些重大错报可能未被乙方发现的风险。

4. 在审计过程中，乙方若发现甲方存在乙方认为值得关注的内部控制缺陷，应以书面形式向甲方治理层或者管理层通报。但乙方通报的各种事项，并不代表已全面说明所有可能存在的缺陷或者已提出所有可行的改进建议。甲方在实施乙方提出的改进建议前应全面评估其影响。未经乙方书面许可，甲方不得向任何第三方提供乙方出具的沟通文件。

5. 按照约定时间完成审计工作，出具审计报告。乙方应于________年______月______日前出具审计报告。

6. 除了下列情况，乙方应当对执行业务过程中知悉的甲方信息予以保密：①法律法规允许披露，并取得甲方的授权。②根据法律法规的规定，为法律诉讼、仲裁准备文件或者提供证据，以及向监管机构报告发现的违法行为。③在法律法规允许的情况下，在法律诉讼、仲裁中维护自己的合法权益。④接受注册会计师协会或者监管机构的执业质量检查，答复其询问和调查。⑤法律法规、执业准则和职业道德规范规定的其他情形。

四、审计收费

1. 本次审计服务的收费是以山东省物价局、山东省财政厅制定的《山东省会计师事务所服务收费标准》(鲁价费发〔2010〕187号)的基准价计算的。乙方预计本次审计服务的费用总额为人民币________万元。

2. 甲方应于本约定书签署之日起________日内支付50%的审计费用，其余款项于提交审计报告时结清。

3. 如果由于无法预见的原因，致使乙方从事本约定书所涉及的审计服务实际时间较本约定书签订时预计的时间有明显的增加或者减少时，甲乙双方应通过协商，相应调整本部分第1段所述的审计费用。

4. 如果由于无法预见的原因，致使乙方人员抵达甲方的工作现场后，本约定书所涉及的审计服务中止，甲方不得要求退还预付的审计费用。

5. 与本次审计有关的其他费用(包括交通费、食宿费、询证费等)由甲方承担。

五、审计报告和审计报告的使用

1. 乙方按照《中国注册会计师审计准则》规定的格式和类型出具审计报告。

2. 乙方向甲方致送审计报告一式________份，其中报告正本首页右上角粘贴山东省注册会计师协会监制的“审计报告防伪标识”。

3. 甲方在提交或者对外公布乙方出具的审计报告及其后附的已审计财务报表时，不得对其进行修改。当甲方认为有必要修改会计数据、报表附注和所做的说明时，应当事先通知乙方，乙方将考虑有关的修改对审计报告的影响，必要时，将重新出具审计报告。

六、本约定书的有效期间

本约定书自签署之日起生效，并在双方履行完毕本约定书约定的所有义务后终止。但其中第三项第6段、第四项、第五项、第七项、第八项、第九项、第十项并不因本约定书终止而失效。

七、约定事项的变更

如果出现不可预见的情况，影响审计工作如期完成，或者需要提前出具审计报告，甲乙双方均可要求变更约定事项，但应及时通知对方，并由双方协商解决。

八、终止条款

1. 如果根据乙方的职业道德及其他有关专业职责、适用的法律法规或者其他任何法定的要求，乙方认为已不适宜继续为甲方提供本约定书约定的审计服务，乙方可以采取向甲方提出合理通知的方式终止履行本约定书。

2. 在本约定书终止的情况下，乙方有权就其于终止之日前对约定的审计服务项目所做的工作收取合理的费用。

九、违约责任

甲乙双方按照《中华人民共和国民法典》合同编的规定承担违约责任。

十、适用法律和争议解决

本约定书的所有方面均应适用中华人民共和国法律进行解释并受其约束。本约定书履行地为乙方出具审计报告所在地，因本约定书引起的或者与本约定书有关的任何纠纷或者争议(包括关于本约定书条款的存在、效力或者终止，或者无效之后果)，双方协商确定采取以下第(1)种方式予以解决：

(1) 向有管辖权的人民法院提起诉讼。

(2) 提交仲裁委员会仲裁。

十一、双方对其他有关事项的约定

本约定书一式两份，甲乙双方各执一份，具有同等法律效力。

公司(盖章)	会计师事务所(盖章)
授权代表：(签名并盖章)	授权代表：(签名并盖章)
2022年10月12日	2022年10月12日

二、知识链接

(一) 初步业务活动的内容

注册会计师应当开展下列初步业务活动：①针对客户承接和续约实施相应的质量控制程

序。②评价遵守相关职业道德要求的情况。③就审计业务约定条款达成一致意见。

(二) 针对客户承接和续约的质量控制程序

质量控制程序是指会计师事务所为保证审计业务质量,制定政策和程序来规范和监督审计工作的开展。客户承接和续约是注册会计师开展业务活动的第一个环节,也是防范业务风险的重要环节,会计师事务所应当制定有关客户承接和续约的政策和程序,以保证做出合适的决策。客户承接和续约的具体业务在任务 2.1 中已述及。

(三) 审计业务约定书

一旦决定接受客户的业务委托,注册会计师应当与客户就审计约定条款达成一致意见,签订审计业务约定书。

审计业务约定书是指会计师事务所与被审计单位签订的,用来记录和确认审计业务的委托与受托关系、审计目标和范围、双方责任以及报告的格式等事项的书面协议。双方签署的书面协议具有法律效力。已签署的审计业务约定书作为审计工作底稿的一部分。

任务 3.2　确定重要性水平

一、任务布置

【任务 3-2】　计算重要性水平

恒信会计师事务所正在对金阳食品有限公司审计项目进行计划审计工作,该公司最近 3 年的经营状况和盈利水平比较稳定,各年波动不大。因此,审计经理决定用税前利润作为计算重要性的基准,财务报表总体重要性水平用税前利润的 5%来计算,执行重要性水平用财务报表总体重要性水平的 70%来计算。明显微小错报的临界值用财务报表总体重要性水平的 5%来计算。

请你为该审计项目制定总体重要性水平和执行重要性水平,填写到表 3-1 中。

表 3-1　　**重要性水平计算表**　　单位:元

选用的基准	基准的金额	财务报表总体的重要性水平	执行的重要性水平	明显微小错报的临界值
税前利润	1 285 105			

二、知识链接

(一) 重要性的概念

如果合理预期错报(包括漏报)单独或者汇总起来可能影响财务报表使用者依据财务报表所做出的经济决策,则通常认为错报是重大的。

重要性也称重要性水平,通常可以用一个或者多个金额来表示。例如,重要性水平是 100 万元,表示如果合理预期错报(包括漏报)单独或者汇总起来,超过或者接近 100 万元,那么这些错报可能影响财务报表使用者依据财务报表所做出的经济决策,通常认为这些错报是重大的；反之，如果错报小于 100 万元，那么通常认为这些错报不重大。

在理解重要性的概念时，注册会计师应当从金额和性质两方面来考虑重要性。金额并不是判断错报是否重大的唯一标准，某些错报即使金额上低于重要性水平，但因其性质重大，也可能使注册会计师将其评价为重大的错报。例如，出纳挪用公款 5 000 元，可能金额并不重大，但是性质严重，注册会计师应将其评价为重大错报。

如果注册会计师根据重要性水平判断错报是重大的，则必须提请被审计单位对财务报表做出调整，如果审计单位拒绝调整，则直接影响注册会计师出具审计意见的种类(审计意见的具体内容在项目 5 中阐述)。所以，重要性是审计中一个极其重要的概念，对审计结果有重要影响。

在审计开始的计划阶段，注册会计师就应当确定合理的重要性水平，以发现在金额上重大的错报。

(二) 重要性水平的确定

1. 财务报表总体的重要性水平

确定重要性需要运用注册会计师的职业判断。通常，注册会计师先选定一个基准，再乘以某一百分比作为财务报表总体的重要性水平。

(1) 确定基准。表 3-2 列举了在实务中确定重要性常用的基准。

表 3-2　　确定重要性常用的基准

被审计单位的情况	可能选择的基准
(1) 企业的盈利水平保持稳定	经常性业务的税前利润
(2) 企业近年来经营状况大幅度波动，盈利和亏损交替发生，或者由正常盈利变为微利或者微亏，或者本年度税前利润因情况变化而出现意外增加或者减少	过去 3～5 年经常性业务的平均税前利润或者亏损(取绝对值)，或者其他基准(如营业收入)
(3) 企业为新设企业，处于开办期，尚未开始经营，目前正在建造厂房及购买机器设备	总资产
(4) 企业处于新兴行业，目前侧重于抢占市场份额、扩大企业知名度和影响力	营业收入
(5) 开放式基金，致力于优化投资组合、提高基金净值、为基金持有人创造投资价值	净资产
(6) 国际企业集团设立的研发中心，主要为集团下属各企业提供研发服务，并以成本加成方式向相关企业收取费用	成本与营业费用总额
(7) 公益性质的基金会	捐赠收入或者捐赠支出总额

(2) 确定百分比。为选定的基准确定百分比需要运用注册会计师的职业判断。例如，对以盈利为目的的制造行业企业，注册会计师可能认为经常性业务的税前利润的 5%是适当的；而对非营利组织，注册会计师可能认为总收入或者费用总额的 1%是适当的。百分比无论是高一些还是低一些，只要符合具体情况，都是适当的。

(3) 计算财务报表总体的重要性水平。财务报表总体的重要性水平的计算公式为：

$$财务报表总体的重要性水平＝基准×百分比$$

【例 3-1】 被审计单位近年经营状况、盈利水平比较稳定，各年波动不大。注册会计师根据所在会计师事务所的惯例及自己的经验做出职业判断，决定用税前利润作为基准，百分比设为5%。请计算财务报表总体的重要性水平。

计算过程见表3-3。

表3-3　　财务报表总体的重要性水平计算表　　金额单位:元

选用的基准	基准的金额	选用的百分比	财务报表总体的重要性水平
税前利润	2 016 885	5%	100 844.25(2 016 885×5%)

2. 执行的重要性水平

执行的重要性水平是指注册会计师确定的低于财务报表总体的重要性水平的金额。注册会计师在确定执行的重要性水平时,需要运用其职业判断。执行的重要性水平的计算公式为:

执行的重要性水平=财务报表总体的重要性水平×百分比

在通常情况下,该百分比为财务报表总体的重要性水平的50%~70%。

【例3-2】 承[例3-1],假设注册会计师判断执行的重要性水平为财务报表总体的重要性水平的70%。请计算执行的重要性水平。

计算过程见表3-4。

表3-4　　执行的重要性水平计算表　　单位:元

财务报表总体的重要性水平	执行的重要性水平
100 844.25	70 590.98(100 844.25×70%)

3. 明显微小错报的临界值

注册会计师将低于某一金额的错报界定为明显微小的错报,明显微小错报的金额的数量级远远小于重要性的数量级。这些明显微小的错报,无论单独统计或者汇总起来,都是明显微不足道的。对这类错报不需要累积,因为注册会计师认为这些错报的汇总数明显不会对财务报表产生重大影响。

注册会计师需要在审计计划阶段确定一个明显微小错报的临界值,低于该临界值的错报被视为明显微小错报。明显微小错报的临界值的计算公式为:

明显微小错报的临界值=财务报表总体的重要性水平×百分比

在通常情况下,该百分比为财务报表总体的重要性水平的3%~5%。

【例3-3】 承[例3-1],假设注册会计师判断明显微小错报的临界值为财务报表总体的重要性水平的5%。请计算明显微小错报的临界值。

计算过程见表3-5。

表3-5　　明显微小的错报临界值计算表　　单位:元

财务报表总体的重要性水平	明显微小错报的临界值
100 844.25	5 042.21(100 844.25×5%)

(三) 审计过程中重要性水平的运用

1. 运用执行的重要性水平

注册会计师在计划审计工作时,可以根据执行的重要性水平确定需要对哪些报表项目实施重点审计,即通常选取金额超过执行的重要性水平的财务报表项目,因为这些项目有可能导致财务报表出现重大错报。

2. 评价错报的影响

注册会计师在审计过程中发现的错报有三种情况:

(1) 如果单项错报金额超过或者接近执行的重要性水平,则此类错报是重大的,必须提请被审计单位对财务报表做出相应调整。如果被审计单位拒绝调整报表,则很可能影响注册会计师在审计报告中出具的审计意见。

(2) 如果单项错报金额介于执行的重要性水平和明显微小错报的临界值之间,这类错报应当记录下来,一般暂时不要求被审计单位必须调整,待到审计工作最后阶段,准备形成审计结论时,再汇总这类错报的金额,考虑累积的影响;如果汇总数超过或者接近财务报表总体的重要性水平,则错报汇总起来是重大的,必须提请被审计单位对财务报表做出相应调整,如果被审计单位拒绝调整报表,则很可能影响注册会计师在审计报告中出具的审计意见。反之,如果错报汇总数小于财务报表总体的重要性水平,则错报不重大,可以不调整。

(3) 如果单项错报金额低于明显微小错报的临界值,这类错报可以不调整,也不累积。

【例 3-4】 假设财务报表总体的重要性水平为 10 万元,执行的重要性水平为 5 万元,明显微小的错报临界值为 5 000 元。注册会计师在审计中发现 4 项错报,涉及的金额分别为 6 万元、2 万元、1 500 元、3.5 万元,分别应如何处理?(假设被审计单位接受注册会计师提出的错报调整建议)

答:6 万元的错报超过执行的重要性水平,注册会计师应要求被审计单位对财务报表做出相应调整;2 万元和 3.5 万元的错报介于执行的重要性水平和明显微小错报的临界值之间,注册会计师在审计过程中一般暂时不要求被审计单位必须调整,但需要记录下来,待审计工作最后阶段汇总错报金额为 5.5 万元,小于总体的重要性水平,错报不重大,可以不做调整;1 500 元的错报金额小于明显微小错报的临界值,可以不调整、不累积。

(四) 审计过程中重要性水平的修改

在审计计划阶段确定重要性水平之后,在审计最后完成阶段,注册会计师需要重新评估重要性水平是否恰当,因为在审计过程中可能发生影响重要性水平的变化。例如,审计后的财务报表与计划阶段确定重要性水平时使用的财务报表存在很大差异,如收入、成本、费用等变化导致利润变化,进而原来用税前利润作为基准计算的重要性水平也将发生变化,这时注册会计师应重新计算评估重要性水平,如果审计计划阶段的重要性水平和审计完成阶段的重要性水平差异很大,则注册会计师需要修改重要性水平,并考虑对之前审计的影响。

注册会计师需要将重要性水平的确定过程记录在审计工作底稿中,包括计算重要性水平时,选择使用某个基准和百分比的原因、计算过程等。

任务 3.3　制订审计计划

一、任务布置

【任务 3-3】 编制审计工作底稿

请完成本教材“任务 6.1　了解被审计单位的内部控制和控制测试”中审计工作底稿的编制。

【任务 3-4】 案例分析:风险评估

某被审计单位是一家经营面包、月饼、蛋糕等食品的传统糕点企业,某注册会计师拟对该企业 2022 年度的财务报告实施审计,现正在了解该企业的行业状况、法律环境与监管环境等外部因素,以识别和评估财务报表可能存在的重大错报风险。

要求:请将下列各小题中最正确的选项填入括号内,并简要说明理由。

(1) 该注册会计师在审计该糕点企业 2021 年度的财务报表时发现,因月饼市场竞争加剧,2021 年年末有大量的月饼冷藏在企业的冷库里,由于当时还在保质期内,注册会计师同意按加工成本列入资产负债表的“存货”项目。经进一步了解,2022 年度该企业月饼的生产规模与 2021 年相当,但销售形势并未好转。则该注册会计师针对以上信息就 2022 年度的财务报表审计,识别的可能存在重大错报风险的领域是(　　)。

A. 存货是否真实存在　　B. 存货是否合理计提了减值准备

C. 存货的所有权　　D. 存货成本计算

(2) 该注册会计师拟对该糕点企业 2022 年度每个月份的营业收入实施分析程序,则其应重点关注的月份是(　　)。

A. 2022 年 1 月和 2 月　　B. 2022 年 4 月和 5 月

C. 2022 年 6 月和 7 月　　D. 2022 年 9 月和 10 月

(3) 该注册会计师从食品卫生监管部门了解,该糕点企业涉嫌用多年积压在冷库的陈料和月饼(经处理分解为原料)来加工面包和蛋糕。这种行为一经核实,根据惯例将会在大众媒体曝光,则注册会计师应重点关注的风险是(　　)。

A. 存货的披露　　B. 存货的计价

C. 企业的持续经营　　D. 企业的市场份额

二、知识链接

风险导向审计是当今主流的审计方法,注册会计师以重大错报风险的识别、评估和应对为审计工作的主线。注册会计师要想制订出审计计划,首先要识别和评估风险;其次才能针对评估出的风险来确定应对风险的措施,制订出实施相应审计程序等的计划。

(一) 风险评估

1. 风险评估程序

风险评估程序是指注册会计师为了解被审计单位及其环境,以识别和评估重大错报风险而实施的程序。注册会计师应当实施下列风险评估程序,以了解被审计单位及其环境:

(1) 询问管理层和被审计单位内部其他人员。这是注册会计师了解被审计单位及其环境的一个重要信息来源。

(2) 分析程序。分析程序是指注册会计师通过研究不同财务数据之间以及财务数据与非财务数据之间的内在关系,对财务信息做出评价。分析程序还包括调查识别出的、与其他信息不一致或者与预期数据严重偏离的波动和关系。例如,注册会计师分析被审计单位各个产品系列的毛利率,并分析最近几年毛利率的变动,可以初步显示销售成本可能存在的重大错报风险。又如,注册会计师预期销售费用随收入的增加而增加,但实际情况却是销售费用随收入的增加而减少了,可能存在低估费用的重大错报风险。

(3) 观察和检查程序。观察和检查程序可以支持对管理层和其他相关人员的询问结果,并可以提供有关被审计单位及其环境的信息,如观察被审计单位的经营活动、检查文件和记录等。

2. 了解被审计单位及其环境

注册会计师应当从下列方面了解被审计单位及其环境,并且注意识别被审计单位及其环境在下列方面与以前期间相比发生的重大变化,对于识别和评估重大错报风险尤为重要:①相关行业状况、法律环境、监管环境及其他外部因素。②被审计单位的性质。③被审计单位对会计政策的选择和运用。④被审计单位的目标、战略以及可能导致重大错报风险的相关经营风险。⑤对被审计单位财务业绩的衡量和评价。⑥被审计单位的内部控制。

上述第①项是被审计单位的外部环境,第②、第③、第④、第⑥项是被审计单位的内部因素,第⑤项则既有外部因素也有内部因素。本教材将对第⑥项进行重点阐述并配有实训,其他各项做如下简要介绍。

1) 相关行业状况、法律环境、监管环境及其他外部因素

(1) 行业状况主要包括:①所处行业的市场与竞争,包括市场需求、生产能力和价格竞争。②生产经营的季节性和周期性。③与被审计单位产品相关的生产技术。④能源供应与成本。⑤行业的关键指标和统计数据。

(2) 法律环境和监管环境主要包括:①会计原则和行业特定惯例。②受管制行业的法规框架。③对被审计单位经营活动产生重大影响的法律法规,包括直接的监管活动。④税收政策。⑤目前对被审计单位开展经营活动产生影响的政府政策,如货币政策、财政政策、财政刺激措施(如政府援助项目)、关税或者贸易限制政策等。⑥影响行业和被审计单位经营活动的环保要求。

(3) 其他外部因素主要包括总体经济情况、利率、融资的可获得性、通货膨胀水平或者币值变动等。

注册会计师对行业状况、法律环境、监管环境及其他外部因素了解的重点和程度会因被审计单位所处行业、规模等不同而不同。例如,对从事计算机硬件制造的被审计单位,注册会计师可能更关心市场、竞争和技术进步的情况;对金融机构,注册会计师可能更关心宏观经济走势以及货币、财政等方面的宏观经济政策;对化工等产生污染的行业,注册会计师可能更关心相关环保法规。

2) 被审计单位的性质

(1) 所有权结构。注册会计师了解被审计单位的所有权结构,有助于识别关联方关系并

了解被审计单位的决策过程。例如，注册会计师应当了解被审计单位是国有企业、外商投资企业、民营企业，还是其他类型的企业，了解其股东的构成，以及被审计单位对其他企业的控制、合营、联营关系等。

(2) 治理结构。例如，董事会、监事会的构成，是否设有审计委员会及其运作情况等，均属于被审计单位的治理结构。良好的治理结构可以对被审计单位的经营和财务运作实施有效的监督，降低财务报表发生重大错报的风险。

(3) 组织结构。复杂的组织结构可能导致某些特定的重大错报风险，包括财务报表合并、商誉减值和长期股权投资核算等。

(4) 经营活动。经营活动主要包括主营业务的性质、产品市场信息、业务开展情况、从事电子商务情况、地区分布与行业细分、资产的地理位置、重要客户和供应商、人力资源情况、关联方交易等。

(5) 投资活动。了解被审计单位投资活动，有助于注册会计师关注被审计单位在经营策略和方向上的重大变化。

(6) 筹资活动。了解被审计单位筹资活动，有助于注册会计师评估被审计单位在融资方面的压力，考虑对被审计单位持续经营能力的影响。

(7) 财务报告。注册会计师应了解影响被审计单位财务报告的重要政策、交易或者事项，如会计政策和行业管理、收入确认惯例、公允价值会计核算、外币交易、异常或者复杂交易等。

3) 被审计单位对会计政策的选择和运用

(1) 重大和异常交易的会计处理方法。注册会计师应关注重大的和不经常发生的交易的会计处理方法是否适当。

(2) 在缺乏权威性标准或者共识、有争议的或者新兴领域采用重要会计政策产生的影响。

(3) 会计政策的变更。如果被审计单位变更了重要的会计政策，注册会计师应当考虑变更的原因及其适当性。

(4) 新颁布的财务报告准则、法律法规，以及被审计单位何时采用、如何采用这些规定。

4) 被审计单位的目标、战略以及可能导致重大错误风险的相关经营风险

(1) 目标是企业经营活动的指针。企业管理层或者治理层一般会根据企业经营面临的外部环境和内部各种因素，制定合理可行的经营目标。

(2) 战略是管理层为实现经营目标采用的方法。例如，如果目标是进入一个新的市场，那么可行的战略可能包括收购该市场内的现有企业、与该市场内的其他企业合资经营或者自行开发进入该市场。

(3) 经营风险是指可能对被审计单位实现目标和实施战略的能力产生不利影响的重要状况、事项、情况、作为(或者不作为)所导致的风险，或者由于制定不恰当的目标和战略而导致的风险。不同的企业可能面临不同的经营风险，这取决于企业经营的性质、所处行业、外部监管环境、企业的规模和复杂程度。例如，为应对消费者需求的变化，企业开发新产品，可能会产生开发失败的风险；即使开发成功，市场需求可能不如预期，产生营销风险，产品的缺陷还可能导致企业遭受损害声誉和承担赔偿责任的风险。

5) 对被审计单位财务业绩的衡量和评价

这主要包括：①关键业绩指标、趋势和经营统计数据。②同期财务业务比较分析。③预算

差异分析，部门业绩报告。④员工业绩考核与激励性报酬政策。⑤被审计单位与竞争对手的业绩比较。

注册会计师应将了解被审计单位及其环境的过程记录在审计工作底稿中，二维码列示了样表以供参考。

了解被审计单位及其环境调查表

3. 了解被审计单位的内部控制

1）内部控制的含义

内部控制是指被审计单位为了合理保证财务报告的可靠性、经营的效率和效果以及对法律法规的遵守，由治理层、管理层和其他人员设计与执行的政策及程序。

例如，被审计单位制定有公司财务规章制度，规定公司印章由出纳、财务负责人、法人分别保管；规定 1 万元以下（含 1 万元）的支出由部门负责人和财务副经理审批，1 万～10 万元（含 10 万元）的支出由部门负责人和财务经理审批，10 万元以上的支出由部门负责人、财务经理、公司总经理共同审批。销售部门、采购部门等公司各部门的规章制度都属于内部控制的范畴。

2）内部控制的要素

内部控制包括下列要素：①控制环境。②被审计单位的风险评估过程。③与财务报告相关的信息系统和沟通。④控制活动。⑤对控制的监督。

（1）控制环境。控制环境包括治理职能和管理职能，以及治理层和管理层对内部控制及其重要性的态度、认识和措施。控制环境设定了被审计单位的内部控制基调，影响员工对内部控制的意识。良好的控制环境是实施有效内部控制的基础。

注册会计师应当了解管理层和治理层是否营造并保持了诚实守信和合乎道德的文化；是否建立了防止或者发现并纠正舞弊和错误的恰当控制。例如，注册会计师在与被审计单位总经理等高层管理人员和普通员工的访谈中了解到，被审计单位的企业文化将诚信和道德摆在首要位置，比如在《员工手册》中指出，员工不允许从供货商那里获得超过一定金额的礼品，超过部分都须报告和退回。而且员工反映被审计单位高层管理人员身体力行，被审计单位也没有发生过严重的诚信和道德问题。尽管《员工手册》中的规定本身并不能绝对保证员工都照此执行，但至少意味着管理层已对此进行明示，且在被审计单位里营造了诚信道德的文化氛围，它连同其他程序，可能构成一个有效的预防机制。

（2）被审计单位的风险评估过程。企业在经营活动中会面临各种各样的风险，被审计单位管理层有责任识别这些风险并采取一定的应对措施。注册会计师应当了解被审计单位是否已建立风险评估过程，包括管理层如何识别与财务报告目标相关的经营风险，如何估计该风险的重要性，如何评估风险发生的可能性，如何采取措施应对这些风险。

（3）与财务报告相关的信息系统与沟通。注册会计师应当从下列方面了解与财务报告[①]相关的信息系统（包括相关业务流程）：①在被审计单位经营过程中，对财务报表具有重大影响的各类交易。②在信息技术和人工系统中，被审计单位的交易生成、记录、处理、必要的更正、结转至总账以及在财务报表中报告的程序。③用来生成、记录、处理和报告交易的会计记

① 财务报告包括财务报表和其他信息，财务报表是财务报告的一部分。

录、支持性信息和财务报表中的特定账户。④被审计单位的信息系统如何获取除交易以外的对财务报表具有重大影响的事项和情况。⑤用于编制被审计单位财务报表(包括做出的重大会计估计和披露)的过程。⑥与会计分录相关的控制,这些分录包括用以记录非经常性的、异常的交易或调整的非标准会计分录。

(4) 控制活动。控制活动是指有助于确保管理层的指令得以执行的政策和程序。它包括与授权、业绩评价、信息处理、实物控制和职责分离等相关的活动。

一是授权。其目的是保证交易在管理层权限范围内进行。例如,公司规定赊销必须由销售经理和财务经理审批,非经审批,不可以赊销,这就是授权。

二是业绩评价。其主要包括被审计单位分析评价实际业绩与预算的差异,综合分析财务数据与经营数据的内在关系,将内部数据与外部信息来源相比较,评价各部门、各项目等的业绩,对发现的异常差异采取必要的调查与纠正措施。

三是信息处理。信息处理控制可以是人工的、自动化的,或者是两者结合的。信息处理控制分为两类,即信息技术的一般控制和应用控制。其中,信息技术的一般控制是指与多个应用系统有关的政策和程序。它通常包括数据中心和网络运行控制,系统软件的购置、修改及维护控制,解除或者访问权限控制,应用系统的购置、开发及维护控制;信息技术的应用控制是指主要在业务流程层面运行的人工或者自动化程序。它与用来生成、记录、处理、报告交易或者其他财务数据的程序相关,通常包括检查数据计算的准确性、审核账户和试算平衡表等。

四是实物控制。其主要包括对资产和记录采取适当的安全保护措施,对访问计算机程序和数据文件设置授权,定期盘点并将盘点记录与会计记录相核对。例如,现金和存货的定期盘点控制,都属于实物控制。

五是职责分离。其主要包括被审计单位如何将交易授权、交易记录和资产保管等职责分配给不同员工,以防范同一员工在履行多项职责时可能发生的舞弊或者错误。

(5) 对控制的监督。对控制的监督是指被审计单位评价内部控制在一段时间内运行有效性的过程,以及对控制缺陷采取必要的补救措施。例如,管理层对是否定期编制银行存款余额调节表进行复核,公司法律部门定期监控公司的道德规范和商务行为准则是否得以遵循等。监督对控制的持续有效运行十分重要。

3) 在整体层面和业务流程层面了解内部控制

内部控制要素中的控制环境、被审计单位的风险评估过程、信息系统与沟通、对控制的监督这四项更多地对被审计单位整体层面产生影响,即整体层面的控制。而控制活动则更多地与特定业务流程相关,即业务流程层面的控制。整体层面的控制对业务流程层面的控制能否有效执行具有重要影响,整体层面的控制较差甚至可能使好的业务流程层面控制失效。例如,被审计单位有一个非常有效的采购系统内部控制,但是如果人力资源方面有缺陷,比如采购人员的能力不能胜任业务工作,那么仍然可能发生大量错误导致采购系统的内部控制失效。又如,管理层凌驾于内部控制之上,这属于整体层面控制环境不好,会导致公司业务流程的内部控制失效。

注册会计师应将对整体层面内部控制的了解记录在审计工作底稿中,二维码列示了样表以供参考。

参考阅读

了解和评价整体层面内部控制记录表

以一般制造业企业为例,注册会计师对业务流程层面内部控制的了解通常采取下列步骤：

（1）确定被审计单位的重要业务流程。注册会计师将通常被审计单位的整个经营活动划分为几个重要业务流程，分别是货币资金流程、销售与收款流程、采购与付款流程、生产与存货流程等。

（2）了解重要的交易流程。注册会计师通过询问被审计单位人员，了解货币资金流程、销售与收款流程、采购与付款流程、生产与存货流程。例如，在销售与收款流程中，注册会计师可以了解被审计单位的销售业务是怎样的流程，从接受订单开始，到发货、开具发票、记账等具体是怎样操作的。

（3）确定可能发生错报的环节。注册会计师需确定被审计单位业务流程的哪些环节容易导致财务报表发生错报，这些环节需要设置控制，以防止或者发现并纠正可能发生的错报。

（4）了解控制的设计。在确定了可能发生错报的环节，注册会计师应进一步了解这些环节是否设置了控制，控制的设计是否合理，是否有遗漏，以及内部控制具体怎样设计的。

（5）执行穿行测试，证实对交易流程和相关控制的了解。穿行测试（walk through testing）是指追踪交易在财务报告信息系统中的处理过程。这是注册会计师了解被审计业务流程及其相关控制时经常使用的审计程序。例如，注册会计师追踪一笔销售交易从接受订单开始，签订合同、发货、运输、收货、开具发票、记账、收回货款、计提坏账准备等完整的一套销售流程的信息处理过程，旨在获取并检查这一处理流程中各个环节相关的单据、文件等资料，尤其是能够印证内部控制的设计和执行的资料，来证实被审计单位的交易流程和相关控制是否与之前了解的一致，并确定控制是否得到执行。注册会计师将穿行测试的情况记录于工作底稿时，记录的内容包括穿行测试中查阅的文件、穿行测试的程序以及注册会计师的发现和结论。

（6）对内部控制的初步评价。根据执行上述程序及获取的审计证据，注册会计师需要做出两方面的评价：一是控制设计是否合理；二是控制是否得到执行。注册会计师对控制评价的结论可能有三种：一是控制设计合理，并得到执行；二是控制本身的设计是合理的，但没有得到执行；三是控制本身的设计无效，或者缺乏必要的控制。

注册会计师应将对业务流程层面内部控制的了解记录在审计工作底稿中（表3-6至表3-9）。

表3-6　　了解货币资金流程内部控制

主要业务活动	主要财务报表项目	主要凭证和记录	可能发生错报的环节	可能的内部控制	穿行测试
1. 货币资金收支与记账岗位分离	货币资金	相关制度文件	私人占用货币资金的舞弊风险	规定货币资金收支岗位人员不能同时登记除了库存现金和银行存款的账簿	观察职责分离情况
2. 收到、支付现金		现金收据	现金收支未真实发生	现金收支必须填写现金收据并盖章	检查一笔现金收款和一笔现金付款是否有现金收据并经盖章

（续表）

主要业务活动	主要财务报表项目	主要凭证和记录	可能发生错报的环节	可能的内部控制	穿行测试
3. 盘点现金	货币资金	现金盘点表	现金账实不符	(1) 每天进行现金盘点 (2) 编制现金盘点表并经过复核	检查某一日的现金盘点表是否编制并经复核签字
4. 开立、注销银行账户		开户申请、销户证明	未经授权的销户、开户	银行账户开户、销户均经审批	检查开户、销户的审批表
5. 收到、支付银行存款		银行单据、付款申请表	未经授权的银行存款收支	出纳根据经过审批的付款申请单付款	检查一笔付款申请单是否经审批签字
6. 编制银行存款余额调节表		银行存款余额调节表	(1) 银行存款余额调节表未定期编制 (2) 银行存款余额调节表编制错误 (3) 存在大额未达账项	每月末由专人编制银行存款余额调节表，由财务经理审核	检查某月末是否对所有账户都编制了银行存款余额调节表并经审核签字
7. 保管印章		相关制度文件	未经授权使用印章可能发生舞弊风险	规定不能由一人保管所有印章	检查印章是否由一人保管

表 3-7　　　　了解销售与收款流程内部控制

主要业务活动	主要财务报表项目	主要凭证和记录	可能发生错报的环节	可能的内部控制	穿行测试
1. 接受客户订单	营业收入、应收账款、应收票据、预收账款	客户订单/合同	未经审批接受客户订单	订单经过审批，购销双方签字盖章	获取一份客户订单，检查是否经审批
2. 批准赊销信用		赊销审批单	超信用额度的赊销	赊销经过审批	检查该笔销售对应的赊销审批表是否经审批
3. 发货		出库单、发运凭证	(1) 未经批准的发货 (2) 已销售商品未实际发运给客户	(1) 发运凭证经销售部门、库管部门、运输部门批准 (2) 客户要在发运凭证上签字以作为收到商品且商品与订单一致的证据	检查该笔销售对应的发运凭证是否经批准，是否经客户签收
4. 开具发票		销售发票	(1) 商品已经发运但未开具销售发票，或者已发票没有对应的发运凭证 (2) 发票信息填制错误	(1) 复核发票和发运凭证的对应关系 (2) 复核发票的数量、价格、金额等信息	检查该笔销售对应的发票是否与发运凭证信息一致

（续表）

主要业务活动	主要财务报表项目	主要凭证和记录	可能发生错报的环节	可能的内部控制	穿行测试
5. 记录销售	营业收入、应收账款、应收票据、预收账款	会计记录（凭证、账簿，下同）	(1) 销售入账的会计期间不正确 (2) 入账金额等不正确	定期检查销售发票、发运凭证和记账凭证的日期是否在同一会计期间	(1) 检查该笔销售对应的会计记录是否正确 (2) 销售发票、发运凭证和记账凭证的日期是否在同一会计期间
6. 与客户对账		对账单	应收账款记录金额不正确	向客户发送月末对账单，调查并解决差异	检查是否向该客户进行月末对账
7. 收款		银行单据、会计记录	(1) 收款被记入不正确的“应收账款”账户 (2) 收款没有及时入账	(1) 向客户发送月末对账单，调查并解决差异 (2) 编制并复核银行存款余额调节表	(1) 检查该笔销售收款的银行单据和会计记录是否一致 (2) 检查银行存款余额调节表是否编制并经复核
8. 计提坏账准备		坏账计算审批表、会计记录	坏账准备的计提不充分	复核坏账准备计提表	检查坏账准备计提表是否经审批签字

表 3-8　了解采购与付款流程内部控制

主要业务活动	主要财务报表项目	主要凭证和记录	可能发生错报的环节	可能的内部控制	穿行测试
1. 选择供应商	存货、应付账款、预付账款、应付票据、销售费用、管理费用	供应商清单	未经批准确定供应商	审核供应商资质	检查选择供应商的相关文件资料（如会议记录等）
2. 申请采购		采购申请单	未经批准的采购	采购申请经过审批	检查一笔采购业务的采购申请单是否经审批签字
3. 签订采购订单/合同		采购订单	未经批准的采购	采购订单经过审批，购销双方签字盖章	检查该笔业务的采购合同是否经双方签字盖章
4. 验收商品		入库单、检验单	商品入库时未经检验复核，可能导致商品数量、质量与订单不符	检验部门、仓库部门将收到的商品数量、质量与订单核对，并在入库单、检验单上签字	检查该笔业务的验收单是否与订单一致

（续表）

主要业务活动	主要财务报表项目	主要凭证和记录	可能发生错报的环节	可能的内部控制	穿行测试
5. 记录采购	存货、应付账款、预付账款、应付票据、销售费用、管理费用	会计凭证、账簿	(1) 未能正确做出采购的会计处理 (2) 少记负债	检查核对订单、入库单、发票等原始单据是否一致，会计处理是否正确，并由会计主管复核	(1) 检查该笔业务的会计凭证记录信息是否与订单、验收单、发票等原始单据一致 (2) 检查会计处理是否正确并经复核
7. 申请付款		付款申请单	超越权限的付款	财务部门核对订单、入库单和采购发票的一致性，并由被授权人员签字审批付款的申请	检查付款申请单是否经签字审批
8. 付款		银行单据、会计记录	超越权限的付款	出纳根据经过授权的付款申请单付款，检查支票等付款单据信息是否正确	检查付款的银行单据、支票存根等是否与付款申请单一致
9. 与供应商对账		对账单	(1) 少记负债 (2) 记录金额不正确	每月末与供应商对账，双方核对往来款项和交易的正确性并签字认可	检查与供应商的对账单是否经双方签字认可

表 3-9　　了解生产与存货流程内部控制

主要业务活动	主要财务报表项目	主要凭证和记录	可能发生错报的环节	可能的内部控制	穿行测试
1. 计划和安排生产	存货、营业成本	生产通知单	未按照生产通知单进行生产	生产部门根据生产计划发布生产通知单	检查某一次生产的生产通知单是否由生产部门编制和授权人员审批
2. 领用原材料		领料单	未经批准领用原材料	领料单由库管员、领用人员签字	检查上述生产的领料单是否经库管员、领用人员签字
3. 生产产品和成本核算		生产统计表、成本计算表	成本计算错误	生产统计表、成本计算表等生产过程的统计表由生产部门人员记录、授权人员审核	检查上述生产的生产统计表、成本计算表等是否编制，是否由授权的生产人员、财务人员审核

（续表）

主要业务活动	主要财务报表项目	主要凭证和记录	可能发生错报的环节	可能的内部控制	穿行测试
4. 产成品入库	存货、营业成本	产成品入库单	产品入库数量错误或者应入库的产品未入库	入库单经库管员、生产部门人员签字	检查上述生产的完工产品入库单是否经库管员、生产部门人员签字
5. 记录生产		会计记录	会计处理错误	会计凭证与领料单、成本计算单、入库单等核对一致，会计凭证经授权人员复核	(1) 检查其会计处理是否正确 (2) 检查会计凭证是否与领料单、成本计算单、入库单等核对一致，是否经复核
6. 存货保管		盘点计划和盘点表单	存货保管不善，发生毁损	无权限人员不得进入仓库，定期盘点存货，编制盘点表并经审批，对盘盈、盘亏进行会计处理	(1) 检查是否制定存货盘点制度 (2) 检查盘点计划、盘点表是否有审批签字 (3) 检查盘盈、盘亏的会计处理是否正确并经复核
7. 计提存货跌价准备		存货跌价准备计算审批表、会计记录	未恰当计提存货跌价准备	存货跌价准备计算表经财务经理、总经理审批，会计处理经财务经理复核	(1) 检查是否有存货跌价准备计算表并经审批签字 (2) 检查会计处理是否正确并经复核

4. 评估重大错报风险

1）识别和评估重大错报风险

在了解被审计单位及其环境的整个过程中，注册会计师应考虑其对财务报表的影响，识别和评估重大错报风险。这种影响是指注册会计师在了解的过程中发现某一情况导致财务报表发生错报的可能性，以及错报的重大程度。例如，被审计单位因相关环境法规的实施需要更新设备，可能面临原有设备闲置或者贬值的风险；宏观经济的低迷可能预示应收账款的回收存在问题；竞争者开发的新产品上市，可能导致被审计单位的主要产品在短期内过时，预示将出现存货跌价和固定资产减值；销售困难使得产品的市场价格下降，可能导致存货跌价，这些资产的减值涉及较复杂的会计处理，而且通常这些资产在财务报表中所占金额较大，其减值可能对财务报表的影响重大，那么被审计单位在这些方面被评估为存在重大错报风险。如果注册会计师发现某些内部控制在设计和执行方面有重大缺陷，则通常表明其相关的财务报表项目存在重大错报风险。

2）确定两个层次的重大错报风险

注册会计师识别和评估重大错报风险后，还应确定重大错报风险是与特定的某个财务报表项目相关，还是与财务报表整体广泛相关，进而影响多个财务报表项目。

（1）某些重大错报风险可能与特定的某个财务报表项目相关，称为认定（即财务报表各项目）层次的重大错报风险。例如，被审计单位存在复杂的联营或者合资，这一事项表明“长期股权投资”账户可能存在重大错报风险。

（2）某些重大错报风险可能与财务报表整体广泛相关，进而影响多个财务报表项目，称为财务报表层次的重大错报风险。例如，被审计单位在经济不稳定的国家和地区开展业务、资产的流动性出现问题、重要客户流失、融资能力受到限制等，可能导致注册会计师对被审计单位的持续经营能力产生重大疑虑。又如，管理层缺乏诚信或者承受异常的压力，可能引发舞弊风险。这些风险与财务报表整体相关，影响多个财务报表项目。

在了解被审计单位业务流程和内部控制后，注册会计师评估出财务报表可能存在重大错报风险的账户，并在审计工作底稿（表3-10至表3-13）中记录下来。

表3-10　　货币资金流程重大错报风险评估表

重大错报风险描述	相关财务报表项目	风险程度
货币资金实物可能不存在	货币资金	一般
外币可能未被准确记录	货币资金	一般
银行存款可能存在异常的未达账项	货币资金	一般

表3-11　　销售与收款流程重大错报风险评估表

重大错报风险描述	相关财务报表项目	风险程度
销售收入可能未真实发生	营业收入、应收账款	高
销售收入记录可能不完整	营业收入、应收账款	一般
期末收入交易可能未计入正确的期间	营业收入、应收账款	高
发生的收入交易未能得到准确记录	营业收入、应收账款	一般
应收账款坏账准备的计提不准确	应收账款	高

表3-12　　采购与付款流程重大错报风险评估表

重大错报风险描述	相关财务报表项目	风险程度
确认的负债和费用并未实际发生	应付账款、销售费用、管理费用	一般
不计提采购相关的负债或者不计提尚未付款的已经购买的服务支出	应付账款、销售费用、管理费用	高
采用不正确的费用支出截止期（如将本期的支出延迟到下期确认）	应付账款、销售费用、管理费用	一般
发生的采购未能以正确的金额记录	应付账款、销售费用、管理费用	一般

表3-13　　生产与存货流程重大错报风险评估表

重大错报风险描述	相关财务报表项目	风险程度
存货实物可能不存在	存货	高

（续表）

重大错报风险描述	相关财务报表项目	风险程度
存货的单位成本可能存在计算错误	存货、营业成本	一般
已销售产品的成本可能没有准确结转至营业成本	存货、营业成本	一般
存货可能存在减值	存货	高

（二）编制审计计划

在评估出重大错报风险后，注册会计师就可以针对评估出的重大错报风险，制定应对的措施，做出审计计划。审计计划包括总体审计计划和具体审计计划两个方面。其中，总体审计计划主要包括审计的范围、时间和方向；具体审计计划主要包括风险评估程序、控制测试和实质性程序。

1. 总体审计计划

(1) 审计范围。注册会计师应预计审计工作涵盖的范围。例如，被审计单位如果是集团公司，注册会计师需要根据组织结构和股权关系确定把哪些公司纳入审计范围；被审计单位如果使用复杂的信息系统，注册会计师则应考虑是否需要利用信息技术专家来辅助审计工作等。

(2) 审计时间。注册会计师应确定审计的时间表，如出具审计报告的时间、与管理层和治理层举行会谈的次数和时间安排、审计项目组会议的次数和时间安排等。

(3) 审计方向。注册会计师应确定审计项目组的工作方向，包括确定适当的重要性水平，初步识别可能存在较高重大错报风险的领域，识别被审计单位所处行业、最近发生的重大变化等。

2. 具体审计计划

(1) 风险评估程序。具体审计计划应当包括为了充分识别和评估财务报表重大错报风险，注册会计师计划实施的风险评估程序。风险评估程序前已述及，在此不赘述。

(2) 控制测试和实质性程序。这两个程序都是为应对评估出来的重大错报风险而实施的具体审计程序，需要在具体审计计划中制定出来。

控制测试是指用来评价内部控制在防止或者发现并纠正认定层次重大错报方面的运行有效性的审计程序，如测试付款审批的执行情况、定期盘点现金的执行情况等。其主要测试步骤是在各业务流程中抽取足够数量的交易，检查、观察控制在所审计期间的相关时点是如何运行的，是否得到一贯执行。需要说明的，控制测试与"了解内部控制"不同，比"了解内部控制"的程度更深一些。在了解内部控制时，注册会计师只需抽取少量的交易进行检查、观察，以评价内部控制的设计，以及是否执行。但在测试控制运行的有效性时，注册会计师需要抽取足够数量的交易进行检查、观察，以确定内部控制是否在各个不同时点按照既定设计得以一贯执行。

实质性程序是指用来发现认定层次重大错报的审计程序。它包括细节测试和实质性分析程序。其中，细节测试是对各财务报表项目的具体细节进行测试，旨在直接识别财务报表各项目是否存在错报，如抽查凭证、应收账款函证、现金监盘等；实质性分析程序主要通过研究数据间的关系来对财务报表各项目的具体内容进行分析，如对主营业务收入进行分月、分产品类型的分析，以发现是否有重大异常的波动等。

控制测试和实质性程序的具体内容将在项目 4 中阐述。

阅读·分享

加大审计重点领域关注力度

随着我国社会主义市场经济高质量发展的深入推进，注册会计师行业的规模和服务范围不断扩大，在社会主义市场经济建设中发挥着日益重要的作用。中央领导高度重视注册会计师行业，多次做出重要指示。《国务院办公厅关于进一步规范财务审计秩序　促进注册会计师行业健康发展的意见》(国办发〔2021〕30号)明确要求各地区、各有关部门要从经济社会发展和全面深化改革开放的大局出发，充分认识推动注册会计师行业健康发展的重要性，将相关工作摆到重要议事日程。注册会计师行业发展总体向好，为提升会计信息质量和经济效率、维护市场秩序做出了重要贡献，但少数会计师事务所和注册会计师在执行审计业务时仍然存在未严格遵守审计准则、在一些审计重点领域审计程序执行不到位、审计证据获取不充分、未能有效揭示财务舞弊等问题，这引发了社会各界对会计师事务所职责履行效果的高度关注。因此，指导会计师事务所和注册会计师加大审计重点领域关注力度、控制审计风险、进一步有效识别财务舞弊，是推动注册会计师行业切实履行审计鉴证职责、合理保证会计信息质量、帮助财务报告使用者做出有效决策判断的重要举措，是保障注册会计师行业长远健康发展的重要基础，是回应社会关切、维护市场秩序和公众利益的重要手段。

请认真学习财政部于2022年9月发布的《关于加大审计重点领域关注力度　控制审计风险　进一步有效识别财务舞弊的通知》，并讨论财务舞弊有哪些高发领域。

练　习　题

一、单项选择题

1. 注册会计师应当在审计业务开始时开展初步业务活动。下列各项中，不属于初步业务活动的是(　　)。

A. 针对保持客户关系和具体审计业务实施相应的质量控制程序

B. 评价遵守相关职业道德要求的情况

C. 出具审计报告

D. 就审计业务约定条款与被审计单位达成一致意见

2. 在确定重要性水平时，下列各项中，通常不宜作为计算重要性水平基准的是(　　)。

A. 持续经营产生的利润

B. 非经常性收益

C. 资产总额

D. 营业收入

3. 下列情形中，注册会计师通常考虑采用较高的百分比确定实际执行的重要性的是(　　)。

A. 首次接受委托执行审计

B. 以前年度审计调整较少

C. 预期本年被审计单位存在值得关注的内部控制缺陷

D. 本年被审计单位面临较大的市场竞争压力

4. 注册会计师通常选定基准乘以某一百分比来确定财务报表整体重要性。下列关于选定的基准的表述中，正确的是（ ）。

A. 盈利水平稳定的企业，选择过去 3～5 年经常性业务平均税前利润为基准

B. 处于开办期的企业，选择费用总支出为基准

C. 在新兴行业中，现阶段以抢占市场、扩大知名度为目标，选择营业收入为基准

D. 公益性基金会，选择总资产为基准

5. 下列关于风险评估程序的说法中，不恰当的是（ ）。

A. 风险评估程序是指注册会计师为了解被审计单位及其环境，以识别和评估重大错报风险而实施的程序

B. 风险评估程序包括询问、分析、观察、检查

C. 风险评估程序不是必须执行的审计程序

D. 了解被审计单位及其环境包括了解被审计单位的内部控制

6. 下列各项中，与公司财务报表层次重大错报风险评估最相关的是（ ）。

A. 公司应收账款周转率呈明显下降趋势

B. 公司持有大量高价值且易被盗窃的资产

C. 公司的生产成本计算过程相当复杂

D. 公司控制环境薄弱

7. 下列情形中，通常表明存在财务报表层次重大错报风险的是（ ）。

A. 被审计单位的竞争者开发的新产品上市

B. 被审计单位从事复杂的金融工具投资

C. 被审计单位资产的流动性出现问题

D. 被审计单位存在重大的关联方交易

8. 下列各项中，属于认定层次重大错报风险的是（ ）。

A. 被审计单位治理层和管理层不重视内部控制

B. 被审计单位管理层凌驾于内部控制之上

C. 被审计单位大额应收账款可收回性具有高度不确定性

D. 被审计单位所处行业陷入严重衰退

二、多项选择题

1. 下列关于审计业务约定书的阐述中，正确的有（ ）。

A. 所有的审计业务必须签订业务约定书

B. 审计业务约定书中应当约定审计范围

C. 被审计的单位误解了审计目标和范围，应当考虑重新签订审计业务约定书

D. 管理层限制审计范围，可以变更业务约定书

2. 下列关于重要性的说法中，正确的有（ ）。

A. 在考虑一项错报是否重要时，既要考虑错报的金额，又要考虑错报的性质

B. 如果一项错报单独或者连同其他错报可能影响财务报表使用者依据财务报表做出的

经济决策,则该项错报是重要的

C. 注册会计师应当在每个审计项目中确定财务报表整体的重要性、实际执行的重要性和明显微小错报的临界值

D. 重要性的确定离不开职业判断

3. 下列各项中,通常可能导致财务报表层次重大错报风险的有(　　)。

A. 被审计单位新聘任的财务总监缺乏必要的胜任能力

B. 被审计单位的长期资产减值准备存在高度的估计不确定性

C. 被审计单位管理层缺乏诚信

D. 被审计单位的某项销售交易涉及复杂的安排

4. 在了解控制环境时,注册会计师应当关注的内容有(　　)。

A. 公司治理层相对于管理层的独立性

B. 公司管理层的理念和经营风格

C. 公司员工整体的道德价值观

D. 公司对控制的监督

5. 下列与控制测试和实质性程序有关的表述中,正确的有(　　)。

A. 控制测试的目的是评价内部控制在防止或者发现并纠正认定层次重大错报方面的运行有效性

B. 控制测试的目的是发现认定层次发生错报的金额

C. 检查付款申请单的审批情况属于控制测试

D. 检查大额银行付款、收入分区域分析都属于实质性程序

三、业务题

1. A注册会计师负责审计甲公司2022年度财务报表,确定的2022年度甲公司财务报表整体重要性为100万元。A注册会计师在审计工作底稿中记录了所了解的甲公司情况及其环境,部分内容摘录如下:

2021年12月31日,甲公司采购的金额为800万元的原材料已入库,但因未收到供应商发票,未确认应付账款。A注册会计师在审计甲公司2021年度财务报表时,提出了相应的审计调整建议,甲公司予以采纳。

A注册会计师在2022年审计工作底稿中记录了所获取的甲公司的财务数据,部分内容摘录如表3-14所示。

表3-14　　　　甲公司财务数据　　　　单位:万元

项　目	2022年年末未审数	2021年年末已审数
应付账款——发票已收	5 000	4 650
应付账款——发票未收	0	350

要求:指出上述事项是否可能表明存在重大错报风险,简要说明理由,说明该风险主要与哪些财务报表哪些项目相关,并将结果填入表3-15中。

表 3-15　　识别和评估重大错误风险

是否可能表明存在重大错报风险(是 /否)	理　由	财务报表项目名称

2. 乙公司是 ABC 会计师事务所的常年审计客户，从事日用消费品的生产和销售。B 注册会计师负责审计乙公司 2022 年度财务报表，确定的 2022 年度乙公司财务报表整体重要性为 200 万元。B 注册会计师在审计工作底稿中记录了所了解的乙公司情况及其环境，部分内容摘录如下：

与以前年度相比，乙公司 2022 年度固定资产未大幅变动，与折旧相关的会计政策和会计估计未发生变更。

B 注册会计师在审计工作底稿中记录了所获取的乙公司的财务数据，部分内容摘录如表 3-16 所示。

表 3-16　　乙公司财务数据　　单位：万元

项　目	2022 年年末未审数	2021 年年末已审数
折旧费用——生产设备	1 200	1 500

要求：指出上述事项是否可能表明存在重大错报风险，简要说明理由，说明该风险主要与哪些财务报表项目相关，并将结果填入表 3-17 中。

表 3-17　　识别和评估重大错误风险

是否可能表明存在重大错报风险(是 /否)	理　由	财务报表项目名称

项目 4

控制测试和实质性程序

【重点和难点】

1. 熟悉企业货币资金流程、销售与收款流程、采购与付款流程、生产与存货流程的关键内部控制。

2. 掌握穿行测试、内部控制测试的方法。

3. 能够执行主要报表项目的实质性程序。

4. 能够填写审计工作底稿。

【知识点思维导图】

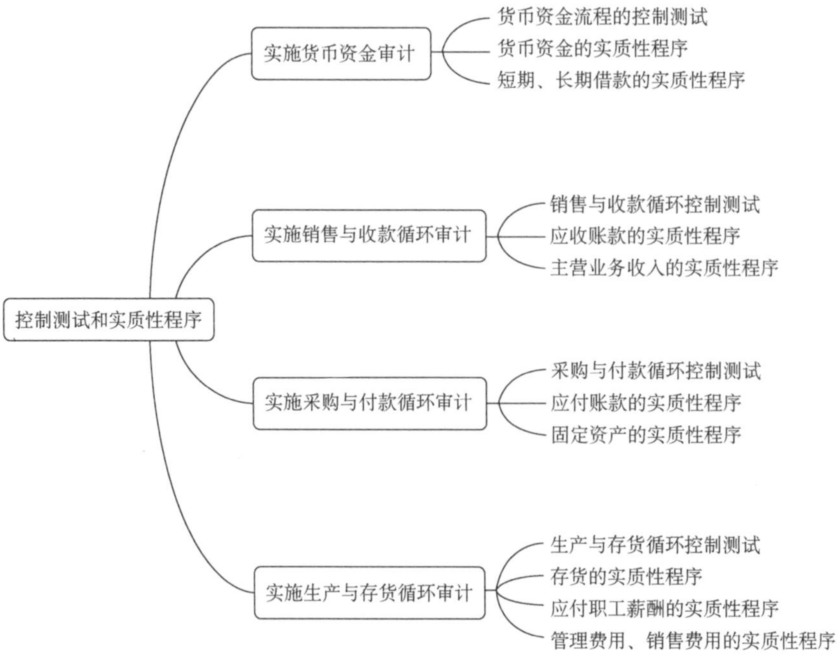

任务4.1　实施货币资金审计

一、任务布置

【任务4-1】　编制货币资金、短期借款审计工作底稿

完成本教材项目6实训中高质模具有限责任公司货币资金、短期借款实质性程序审计工作底稿的编制。

二、知识链接

(一) 货币资金流程的控制测试

其控制测试针对关键控制点来选取样本，通过查看相关凭证、文件来验证控制是否有效运行。具体测试程序包括：

(1) 观察货币资金收支与记账的岗位分离。

(2) 抽查货币资金收支凭证，检查是否有合理、合法的凭据，支出是否有授权批准手续，原始凭证是否与入账凭证的时间、金额等相符。

(3) 抽查现金盘点表和银行存款余额调节表，检查是否按月编制，是否有相应审核签字。

(4) 评价货币资金流程的内部控制。注册会计师应得出初步结论，评价此流程的内部控制设计是否合理，执行是否有效。

(二) 货币资金的实质性程序

1. 库存现金的实质性程序

其实质性程序通过执行以下审计程序来发现可能存在的重错报：

(1) 核对报表中货币资金是否与库存现金、银行存款、其他货币资金等总账合计金额相符。核对现金日记账与库存现金总账的金额是否相符。

(2) 现金监盘。监盘库存现金是证实资产负债表中货币资金项目下所列库存现金是否存在的一项重要审计程序。

上市公司宁德时代的货币资金管理制度

其具体步骤如下：

(1) 制订监盘计划，确定监盘时间。注册会计师最好实施突击性的检查，时间最好选择在上午上班前或者下午下班时，盘点的范围包括各部门经管的现金，如果现金存放在多处，应同时盘点。进行盘点前，出纳将现金集中起来存入保险柜。参与盘点的人员通常包括审计人员、出纳、财务主管。

(2) 出纳把已办妥现金收付手续的收、付款凭证登入现金日记账，并根据现金日记账加计累计数额，结出现金结余金额。

(3) 注册会计师盘点保险柜内的现金实存数，由注册会计师编制“库存现金监盘表”，并要求参与盘点的人员均予以签章，包括注册会计师、出纳、财务主管。

(4) 注册会计师将盘点现金实存数与现金日记账余额进行核对，核对时，将现金日记账余额进行调整后，与现金盘点实存数核对。调整公式如下：

$$\text{现金盘点实存数}=\text{现金日记账余额}+\text{已收款未入账凭证}-\text{已付款未入账凭证}$$

现金盘点实存数与现金日记账余额如有差异，注册会计师应要求被审计单位查明原因，必要时应提请被审计单位做出调整。

(5) 在非资产负债表日进行监盘时，注册会计师应将盘点日库存现金调整至资产负债表日的金额。调整公式如下：

$$\begin{matrix}\text{盘点日}\\\text{库存现金}\end{matrix}+\begin{matrix}\text{报表日至审计日}\\\text{库存现金支出}\end{matrix}-\begin{matrix}\text{报表日至审计日}\\\text{库存现金收入}\end{matrix}=\begin{matrix}\text{报表日库存}\\\text{现金应有余额}\end{matrix}$$

(6) 抽查大额现金收支。注册会计师应检查大额现金收支的原始凭证是否齐全、有无授权批准、记账凭证与原始凭证是否相符、账务处理是否正确、是否记录于恰当的会计期间等。

2. 银行存款的实质性程序

其实质性程序是通过以下审计程序，来发现可能存在的重大错报：

(1) 编制银行存款明细表。注册会计师根据企业提供的银行存款日记账编制银行存款明细表，复核加计正确，并与总账数和日记账合计数核对是否相符。

(2) 获取并检查银行存款余额对账单和银行余额调节表。这是证实资产负债表中所列银行存款是否存在的重要程序。

其具体测试程序如下：

其一，核对资产负债表日的“银行存款”总账账面余额是否与银行对账单余额一致。

其二，获取资产负债表日的银行存款余额调节表，检查表中的加计数是否正确，调节后“银行存款”总账账面余额是否与银行对账单余额一致。调节公式如下：

$$\begin{matrix}\text{银行存款}\\\text{账面余额}\end{matrix}+\begin{matrix}\text{银行已收、企}\\\text{业未收金额}\end{matrix}-\begin{matrix}\text{银行已付、企}\\\text{业未付金额}\end{matrix}-\begin{matrix}\text{企业已收、银}\\\text{行未收金额}\end{matrix}+\begin{matrix}\text{企业已付、银}\\\text{行未付金额}\end{matrix}=\begin{matrix}\text{银行对}\\\text{账单金额}\end{matrix}$$

其三，检查调节项的性质、金额，考虑是否提请被审计单位进行调整。其具体包括：①检查银行已入账、企业未入账的款项的性质，检查企业尚未入账的原因，检查企业期后入账的凭证。②检查企业已入账、银行未入账的款项的性质，检查企业入账的原始凭证或者期后的银行对账单是否有收取或者支付此款项的记录。

(3) 函证银行存款余额。银行存款函证是指注册会计师在执行审计业务的过程中，需要以被审计单位名义向有关单位发函询证，以验证被审计单位的银行存款是否真实、合法、完整。我国财政部和中国人民银行联合印发的《关于做好企业的银行存款、借款及往来款项函证工作的通知》规定，各商业银行、政策性银行、非银行金融机构要在收到询证函之日起 10 个工作日内，根据函证的具体要求，及时回函，并可按照国家有关规定收取询证费用；各有关企业或者其他有关单位根据函证的具体要求，及时回函。

函证银行存款余额是证实资产负债表所列银行存款是否存在的重要程序。通过银行函证，注册会计师不仅可以了解企业资产的存在，还可以了解企业账面反映所欠银行债务的情况，并有助于发现企业未入账的银行借款。函证银行存款余额的范围包括：银行存款（包括零余额账户和在本期内注销的账户)、借款、与金融机构往来的其他重要信息。

函证的主要步骤如下:

其一,填写询证函。①将银行名称、会计师事务所的名称、审计的财务报表的年份、回函地址、邮编、电话、传真、联系人和资产负债表的截止日期填写在询证函上。②将各银行存款账户在资产负债表日的对账单上的余额、账号等信息填写在询证函上。如有银行借款,根据企业账面的银行借款余额和借款合同中的借款期限等信息填写在询证函上。

注意:银行存款余额一定按照对账单上的金额来填写,而不是银行存款账面的金额。

其二,被审计单位检查询证函并盖公章。询证函需由被审计单位检查核实无误,在询证函公司盖章处盖章。

其三,取得银行联系方式。注册会计师可通过电话询问、银行网站查询等方式来了解各银行函证的具体流程。如果询证函发往银行设置的函证集中处理中心,注册会计师可从银行网站取得其公布的联系方式;如果询证函发往银行营业网点,注册会计师可询问银行或被审计单位以取得银行地址、电话等联系方式。

其四,发放询证函。注册会计师在发放询证函之前应保留一套复印件以备查询。发放询证函的方式有邮寄函证、现场函证和电子函证三种。

邮寄函证:①询证函由会计师事务所的函证中心等类似机构或岗位负责收发函证。②会计师事务所的审计人员必须亲自将询证函寄出。

现场函证:①注册会计师去银行之前最好先与银行的联系人取得联系,银行一般会有专人或者专门的部门负责函证,先与对方沟通好去函证的具体时间等信息。②注册会计师在现场需查看银行联系人的工作证件,并亲自将填好的询证函交与银行联系人。注册会计师应关注对方是否认真核实并盖章。注册会计师如不能现场取得回函,则请银行用邮寄的方式寄到会计师事务所。

电子函证:具备条件的会计师事务所和银行可通过银行函证平台(包括第三方函证平台和银行自建函证平台)开展数字化函证。例如,中国工商银行(以下简称“工行”)开通电子函证平台(函证 e 信),通过以下步骤开展电子函证:①签署协议、客户对接。函证 e 信支持会计师事务所从 API 或工行企网发起业务申请。会计师事务所与工行签署《电子询证函业务协议》并完成技术对接后,即可使用函证 e 信开展业务。②函证单位发起函证申请。选择 API 接入模式的会计师事务所,需与工行 API 开放平台系统对接,通过自身审计系统发起函证申请。选择企业网银接入模式的会计师事务所,通过工行企业网银发起业务申请。③被函证单位授权。被函证单位通过工行企业网银、银企互联等方式授权确认。④回函。函证 e 信自动处理函证数据,通过 API 接口或企业网银生成回函,反馈给函证单位。

根据《关于加快推进银行函证规范化、集约化、数字化建设的通知》(财会〔2022〕39 号),应由会计师事务所指定处理函证的内部专门机构(或岗位)统一、集中处理函证业务,不得由项目组或注册会计师个人自行收发函证。会计师事务所应当在注册会计师行业统一监管平台公示接受函证回函的事务所地址和联系方式;实现函证业务集中处理的银行应当通过官网、客户端、小程序或者微信公众号等渠道公布银行函证工作流程、回函方式(纸质或数字化)、受理部门、联系方式等信息。

其五,催收询证函。会计师事务所审计人员可以通过电话询问对方是否已收到询证函,并催促其尽快核实盖章后,直接寄回会计师事务所。

注意：询证函应直接寄到会计师事务所，并由审计人员签收，不可以寄到被审计单位。

其六，收回询证函。会计师事务所审计人员收到询证函后要查看回函信封是否完好，可查询邮寄单据和物流信息以确定回函路径。审计人员要查看回函是否与寄出的函件一致。如果回函不符，注册会计师要立即请被审计单位查明原因，考虑是否需做出调整；如果没有回函，注册会计师要再次联系对方查明没有回函的原因，必要时重新发放函证。

注意：由于银行存款性质重要，银行询证函一般要求必须回函。

（4）抽查大额银行存款收支。注册会计师应抽取大额的银行存款收入、支出凭证，检查原始凭证是否齐全、记账凭证与原始凭证是否相符、账务处理是否正确、是否记录于恰当的会计期间等，检查被审计单位是否存在非营业目的的大额货币资金转移。

（5）检查现金、银行存款是否在财务报表中做出恰当列报。注册会计师应检查“库存现金”“银行存款”“其他货币资金”账户的合计数是否与资产负债表上的“货币资金”项目中的数额一致。

（三）短期、长期借款的实质性程序

其实质性程序如下：

（1）编制短期、长期借款明细表及其明细变动表。注册会计师根据企业提供的短期、长期借款明细账编制短期、长期债款明细表及其明细变动表，复核加计正确，并与报表数、总账数和明细账合计数核对是否相符。

（2）函证短期、长期借款。注册会计师将借款余额、借款期限等信息填写在银行询证函上，函证程序请参考“函证银行存款余额”的相关内容。

（3）审查短期、长期借款的本年变动。对本年增加的短期、长期借款，注册会计师审查其借款合同和授权批准情况，了解借款的利率、金额、期限等，并与相关会计记录相核对。对本年减少的短期借款，检查归还借款的原始凭证及记录，核实还款金额。对于按照合同已到期的借款是否已办理展期手续，取得并审查新的展期借款合同。

（4）计算复核借款利息。注册会计师根据借款的利率和期限，重新计算本年应计提的利息金额，检查会计处理是否正确，结合“财务费用”等账户的审计，确定“财务费用”等账户中记录的利息费金额是否正确。

（5）检查短期、长期借款是否在财务报表中做出恰当列报。注册会计师检查短期、长期借款是否按信用借款、抵押借款、质押借款、保证借款分别披露。

【案例研讨】

阅读二维码列示的案例资料，讨论回答以下问题：

上市公司坚瑞沃能资料

（1）根据《陕西坚瑞沃能股份有限公司2018年度审计报告无法表示意见所涉及事项中“涉及货币资金的事项”影响已消除的专项说明》，在对陕西坚瑞沃能股份有限公司的审计中，哪几份银行函证回函不符？差异原因是什么？应如何调整？请写出审计调整分录。

（2）搜集关于康美药业财务舞弊事件的相关资料，根据中国证监会市场禁入决定书，分析在康美药业的货币资金审计中存在的问题。

任务4.2 实施销售与收款循环审计

证监会市场禁入决定书资料(货币资金)

一、任务布置

【任务4-2】 编制销售与收款循环审计工作底稿

完成本教材项目6实训中高质模具有限责任公司应收账款实质性程序审计工作底稿的编制。

二、知识链接

(一)销售与收款循环控制测试

其控制测试针对关键控制点来选取样本,通过查看相关凭证、文件验证控制是否有效运行。具体测试程序包括:

(1)抽查销售合同、销售订单、销售发票、出库单、发运单、对方验收单和对应的财务入账凭证等,检查是否有相关审批签字,检查数量、名称、金额、日期等信息是否一致。

(2)审查赊销是否经主管授权审批。

(3)审查对应收账款的管理,包括是否有与客户定期对账的制度,如何划分应收账龄,如何计提坏账准备等。

(4)结合货币资金的控制测试,对收款流程的内部控制进行测试。

(5)评价销售与收款流程的内部控制。注册会计师应得出初步结论,评价此流程的内部控制设计是否合理,执行是否有效。

上市公司园城黄金的物资销售与收款管理制度

(二)应收账款的实质性程序

1. 编制应收账款明细表

注册会计师根据企业提供的应收账款明细账编制,复核加计正确,并与报表数、总账数和明细账合计数核对是否相符;结合坏账准备科目与报表数核对是否相符;分析出现贷方余额的项目,查明原因,必要时应做重分类调整。

2. 函证应收账款

函证应收账款旨在证实应收账款账户余额的真实性、正确性,防止或者发现被审计单位及其有关人员在销售交易中发生的错误或者舞弊行为。通过函证应收账款,注册会计师可以证明债务人的存在和被审计单位记录的可靠性。

1)函证的范围

注册会计师不需要对被审计单位的所有应收账款都进行函证。通常,注册会计师应选择以下项目作为函证对象:①大额或者账龄较长的项目。②与债务人发生纠纷的项目。③重大关联方项目。④主要客户(如销售额前10大客户)项目。⑤交易额大但期末余额小甚至余额为零的项目。注册会计师可以对重大关联方项目以及交易额大的项目同时函证其交易额和余额。

2)函证的主要步骤

(1)填写询证函。①注册会计师将要询证的对方单位名称、会计师事务所的名称、审计的财务报表的年份、回函地址、邮编、电话、传真、联系人和资产负债表的截止日期填写在询证函上。②注册会计师将应收账款的账面余额、此余额的截止日期等信息填写在询证函上，并在询证函的应“贵公司欠”一栏填写应收账款余额。

(2) 被审计单位检查询证函并盖章。询证函需由被审计单位检查核实无误，在询证函公司盖章处盖公章。

(3) 取得函证对方单位联系方式。注册会计师应从被审计单位处取得对方单位的地址、联系人、电话、传真等信息。

(4) 发放询证函。往来询证函一般采取邮寄的方式发出。注册会计师须亲自将询证函寄出，并可将邮寄单据保留以备查询。

(5) 催收询证函。询证函寄出后一段时间，注册会计师可以通过电话询问对方是否已收到，并催促其尽快核实盖章后，直接寄回会计师事务所。如果对方没有收到，注册会计师要核实地址的正确性，并重新发放询证函。收到询证函时，注册会计师要查看回函信封是否完好，最好留下邮递单据以备查询，并应查看回函是否与寄出的函件一致。

3) 函证的控制

注册会计师必须对询证函的发出、收回保持控制。询证函必须由注册会计师亲自发出，并要求对方回函直接寄到会计师事务所并由注册会计师签收。注册会计师可通过函证控制表的形式记录询证函的收发情况和函证结果。

注意：询证函应直接寄到会计师事务所，并由注册会计师签收，不可以寄到被审计单位。

4) 对回函不符事项的处理

若对方回函不符，注册会计师要明确差异金额和差异原因。注册会计师可以要求被审计单位调查差异原因并给出合理解释和充分证据，注册会计师必须对这些解释和证据进行核实。导致回函差异的原因可能是购销双方入账的时间不同，主要表现为：①询证函发出时，债务人已经付款，而被审计单位尚未收到货款。②询证函发出时，被审计单位的货物已经发出并已做销售记录，但货物仍在途中，债务人尚未收到货物。③债务人由于某种原因将货物退回，而被审计单位尚未收到。④债务人对收到的货物的数量、质量及价格等方面有异议而全部或者部分拒付货款等。注册会计师应该考虑该差异是否需提请被审计单位做出调整。

3. 对函证未回函及未函证应收账款实施替代审计程序

通常，注册会计师可能不能取得所有发放的应收账款询证函的回函，并且也不可能对所有应收账款进行函证。对于函证未回函以及未函证的应收账款，注册会计师应执行替代审计程序，包括检查有关原始凭据(如销售合同、销售订单、销售发票、发运凭证及期后收款的回款单据等)，以验证应收账款的真实性。

4. 分析应收账款相关财务指标

注册会计师应计算应收账款周转率、周转天数等指标，并与被审计单位相关赊销政策、被审计单位以前年度指标、同业同期相关指标对比分析，检查是否存在重大异常。

5. 检查应收账款账龄分析是否正确

(1) 获取或者编制应收账款账龄分析表。其中，应收账款的账龄是指资产负债表中的应收账款余额，从销售实现、产生应收账款之日起，至资产负债表日止所经历的时间。

(2) 测试应收账款账龄分析表计算的准确性。它包括：复核加计汇总是否正确；复核应收账款账龄分析表中的合计数是否与应收账款总账余额相符。

(3) 测试账龄划分的准确性。注册会计师应从账龄分析表中抽取一定数量的项目，追查至相关销售原始凭证，测试账龄划分的准确性。划分账龄时，若对某一债务单位存在多笔应收账款且各笔应收账款账龄不同的情况下，注册会计师收到债务单位当期偿还的部分债务，应当逐笔认定收到的是哪一笔应收账款；如果确实无法认定的，按照先发生先收回的原则确定。

6. 检查坏账准备计提的适当性

(1) 注册会计师应取得或者编制坏账准备变动表和坏账准备计算表，复核加计正确，与坏账准备总账数、明细账合计数核对是否相符。

(2) 注册会计师将应收账款坏账准备本期计提数与资产减值损失对应项目的发生额核对是否相符。

(3) 注册会计师应检查应收账款坏账准备计提和核销的批准程序，取得书面报告等证明文件，评价计提坏账准备的方法是否适当。企业应根据应收账款的实际可收回情况，合理计提坏账准备，不得多提或者少提。

(4) 注册会计师应复核坏账准备的计算和会计处理是否正确。

(5) 注册会计师应检查原始凭证(如销售发票、发运凭证等)，测试账龄划分的准确性。

7. 检查期后收款

注册会计师通过查看应收账款期后的明细账，在应收账款账龄分析表中标出至审计时已收回的应收账款金额，对已收回金额较大的款项进行常规检查，如核对收款凭证、银行进账单、销货发票等，并注意凭证发生日期的合理性，分析收款时间是否与合同相关规定一致。

【案例研讨】

阅读二维码列示的案例资料，讨论回答以下问题：

(1) 根据青岛啤酒年报披露，应收账款坏账准备是如何计提的？

(2) 根据金达威公告，该公司在什么情况下对应收账款进行核销？

(3) 根据硕世生物公告，应收账款坏账准备计提相关的会计估计发生了怎样的变更？变更的原因和影响是什么？

上市公司青岛啤酒、金达威、硕世生物资料

(三) 主营业务收入的实质性程序

1. 编制主营业务收入明细表

注册会计师根据企业提供的主营业务收入明细账编制主营业务收入明细表，复核加计正确，并与报表数、总账数和明细账合计数核对是否相符。

2. 实质性分析程序

注册会计师应实施如下实质性分析程序来发现可能的重大错报：

(1) 将本期主营业务收入与上期主营业务收入、销售预算或者预测数进行比较，分析主营业务收入及其构成的变动是否异常，并分析异常变动的原因。

(2) 计算本期重要产品的毛利率，与上期预算或预测数据比较，检查是否存在异常，各期之间是否存在重大波动，并查明原因。

(3) 比较本期各月各类主营业务收入的波动情况，分析其变动趋势是否正常，是否符合被审计单位季节性、周期性的经营规律，查明异常现象和重大波动的原因。

(4) 注册会计师应将本期重要产品的毛利率与同行业企业进行对比分析，检查是否存在异常。

3. 检查收入确认的方法

注册会计师应检查主营业务收入确认的方法是否符合《企业会计准则》的规定。被审计单位采取的销售方式不同，其确认收入的时间也是不同的。

4. 选择主要客户函证本期销售额

注册会计师应结合对应收账款实施的函证程序，选择主要客户（如全年销售额前五大或者前十大客户）函证本期销售额，对重大的关联方交易也要函证其销售额。

5. 实施销售截止测试

实施截止测试是为了确定被审计单位会计记录归属期是否正确，注册会计师应确定本期或者下期的主营业务收入是否被推延至下期或者提前至本期。

注册会计师应实施如下截止测试：

(1) 选择资产负债表日前后若干天的发运凭证，与应收账款和收入明细账进行核对；同时，从应收账款明细账和收入明细账中选取在资产负债表日前后若干天的凭证，与发运凭证核对，以确定销售是否存在跨期现象。

(2) 复核资产负债表日后所有的销售退回记录，检查是否存在提前确认收入的情况。

证监会行政处罚决定书资料（收入）

【案例研讨】

搜集关于雅百特财务舞弊事件的相关资料，根据中国证监会处罚决定书，分析雅百特在审计中存在哪些问题？

任务 4.3　实施采购与付款循环审计

一、任务布置

【任务 4-3】　编制采购与付款循环审计工作底稿

(1) 参考本教材项目 6 实训中审计工作底稿的编写方法，自行编制高质模具有限责任公司应付账款审计工作底稿，包括科目汇总表、应付账款明细表、函证控制表、企业询证函。

(2) 完成本教材项目 6 实训中高质模具有限责任公司固定资产实质性程序审计工作底稿的编制。

二、知识链接

(一) 采购与付款循环控制测试

其控制测试针对关键控制点来选取样本，通过查看相关凭证、文件来验证控制是否有效运行。具体测试程序包括：

(1) 抽查采购合同、采购申请单、采购订单、采购发票、验收单、入库单和对应的财务入账凭证等，检查是否有相关审批签字，检查数量、名称、金额、日期等信息是否一致。

(2) 了解是否有与供应商定期对账的制度，抽查其对账单。

(3) 结合货币资金的控制测试，对付款流程的内部控制进行测试。

(4) 评价采购与付款流程的内部控制。注册会计师应得出初步结论，评价此流程的内部控制设计是否合理，执行是否有效。

上市公司园城黄金的物资采购与付款管理制度

(二) 应付账款的实质性程序

1. 编制应付账款明细表

注册会计师应根据企业提供的应付账款明细账编制应付账款明细表，复核加计正确，并与报表数、总账数和明细账合计数核对是否相符；分析出现借方余额的项目，查明原因，必要时应做重分类调整。

【案例研讨】

阅读二维码列示的案例资料，讨论回答以下问题：

(1) 春兴精工 2 年的年报中都披露了金额重大的往来差异，分别是什么原因造成的？

(2) 应如何调整，请写出审计调整分录。

上市公司春兴精工资料

2. 函证应付账款

(1) 函证的范围。①资产负债表日应付账款余额较大的项目。②资产负债表日余额不大甚至为零，但交易额较大的项目。③重大关联方项目。注册会计师可以对重大关联方项目和交易额大的项目同时函证其交易额和余额。

(2) 往来询证函的格式。此部分内容可参考应收账款往来询证函的格式。

(3) 函证的操作程序。往来款项函证的操作程序都大致相同，因此此部分内容可参考应收账款函证的操作程序。注册会计师在填写询证函时，应将应付账款余额填写在“欠贵公司”一栏。

(4) 函证的控制。与应收账款的函证一样，注册会计师必须对函证的过程进行控制，并编制函证控制表来记录询证函收发情况和函证结果。函证控制表的格式可参考应收账款函证的格式。

若对方回函不符，注册会计师要明确差异金额和差异原因。注册会计师可以要求被审计单位调查差异原因并给出合理解释和充分证据，注册会计师必须通过检查相关原始凭证对这些解释和证据进行核实。导致回函差异的原因可能是购销双方入账的时间不同，主要表现为：①询证函发出时，债务人已经付款，而被审计单位尚未收到货款。②询证函发出时，被审计单位的货物已经发出并已做销售记录，但货物仍在途中，债务人尚未收到货物。③债务人由于某种原因将货物退回，而被审计单位尚未收到。④债务人对收到的货物的数量、质量及价格等方面有异议而全部或者部分拒付货款等。审计人员应该考虑该差异是否需要提请被审计单位做出调整。

对于函证未回函以及未函证的应付账款，注册会计师应执行替代审计程序，包括检查该笔债务的相关凭证资料，如合同、发票、验收单和期后付款的付款单据等，以验证应付账款的真实性。

3. 检查应付账款

注册会计师应检查应付账款是否计入了正确的会计期间，是否存在未入账的应付账款。其具体包括：

(1) 检查债务形成的相关原始凭证，如供应商发票、验收报告或者入库单等，查找有无未及时入账的应付账款，确认应付账款期末余额的完整性。

(2) 检查资产负债表日后应付账款明细账贷方发生额的相应凭证，关注其购货发票的日期，确认其入账时间是否合理。

(3) 结合成本费用类科目的截止性测试，针对资产负债表日后付款项目，检查有关付款凭证，判断有无应在资产负债表日计提但未及时入账的应付账款。

(4) 结合存货采购的截止性测试，检查资产负债表日前后的存货入库资料（验收单或者入库单)，检查是否有大额货到单未到的情况，确认相关负债是否计入了正确的会计期间。

(三) 固定资产的实质性程序

1. 编制固定资产(包括累计折旧)明细变动表

注册会计师应根据被审计单位提供的固定资产明细账(台账)编制固定资产(包括累计折旧)明细变动表，一般分类别列示，复核加计正确，并与报表数、总账数、明细账合计数核对是否相符。

2. 检查本期固定资产的增加

(1) 对于外购固定资产，注册会计师应抽取金额较大的固定资产项目，将其采购合同、发票、验收单等原始资料与财务入账信息核对，检查其授权批准手续是否齐备，入账金额、时间是否正确。

(2) 对于在建工程转入的固定资产，注册会计师应检查在建工程转入固定资产的时点是否符合《企业会计准则》的规定，入账金额与在建工程的相关记录是否核对相符，是否与竣工决算、验收报告等一致；对已经达到预定可使用状态但尚未办理竣工决算手续的固定资产，检查其是否已按估计价值入账并计提折旧。

3. 检查本期固定资产的减少

固定资产的减少主要包括固定资产报废处置、盘亏、出售等。注册会计师主要检查以下两个方面的内容：①结合“固定资产清理”“营业外支出”账户，抽查固定资产账面转销数是否正确，会计处理是否正确。②检查业务的原始凭证，关注报废、盘亏、出售的固定资产是否经授权批准。

4. 测试累计折旧

(1) 了解并评价折旧政策和方法的合理性和一贯性，如预计使用寿命和预计净残值是否合理，前后期是否一致。

(2) 测试本期折旧费用的计提是否准确。注册会计师应按照合理的折旧政策和方法，重新计算本期折旧费用的计提数。注意：①已提足折旧的固定资产不再计提折旧。②本月增加的固定资产，下月计提折旧。③本月减少的固定资产，本月照提折旧。

(3) 核对与成本费用科目的勾稽关系。注册会计师应将“累计折旧”账户贷方的本期计提折旧额与生产成本、制造费用、管理费用、销售费用明细账中借方记录的折旧费用相比较，以检查所计提折旧金额是否已全部摊入本期产品成本或者费用；若存在差异，应追查原因。

5. 检查固定资产的所有权凭证

注册会计师应获取固定资产的所有权凭证以确定其是否归被审计单位所有。外购的机器设备等固定资产的所有权凭证，主要包括采购发票、采购合同等；房地产类固定资产的所有权凭证主要包括有关的合同、产权证明等；汽车等运输设备的所有权凭证主要是运营证件等。

6. 固定资产盘点

注册会计师应获取固定资产清单(如明细分类账、台账)，抽取大额固定资产项目，进行实地盘点并了解其目前的使用状况。

上市公司本钢板材、招商轮船、三钢闽光资料

【案例研讨】

阅读二维码列示的案例资料，讨论回答以下问题：

(1) 本钢板材将固定资产折旧年限调长了还是调短了？

(2) 本钢板材调整部分固定资产折旧年限，可能对利润表的哪些具体项目有影响？该举措会导致其利润增加还是减少？

(3) 本钢板材调整部分固定资产折旧年限，对资产负债表的哪些具体项

目有影响？该举措会导致资产、负债、所有者权益发生怎样的变化？

（4）招商轮船对部分固定资产计提减值准备影响财务报表的哪些项目？

（5）三钢闽光对部分固定资产进行报废处理影响财务报表的哪些项目？

任务4.4 实施生产与存货循环审计

一、任务布置

【任务4-4】 编制生产与存货循环审计工作底稿

完成本教材项目6实训中高质模具有限责任公司应付职工薪酬、管理费用、销售费用实质性程序审计工作底稿的编制。

二、知识链接

（一）生产与存货循环控制测试

其控制测试针对关键控制点来选取样本，通过查看相关凭证、文件来验证控制是否有效运行。具体测试程序主要包括：

（1）抽查生产通知书、领料单、产量和工时记录表、工资计算表、材料费用分配表、制造费用分配表、成本计算表、入库单以及对应的财务入账凭证等，检查是否有相关审批签字，检查数量、名称、金额、日期等信息是否相符。

（2）检查成本核算方法是否适当，选取样本测试各种费用的归集和分配以及成本的计算是否准确，检查账务处理是否正确。

（3）检查是否建立了定期盘点制度，检查存货盘点表是否有审批签字，存货盘盈、盘亏是否及时按规定审批处理。

（4）检查存货跌价准备计提表是否有审批签字。

（5）评价生产与存货流程的内部控制。注册会计师应得出初步结论，评价此流程的内部控制设计是否合理，执行是否有效。

（二）存货的实质性程序

1. 编制存货明细表

注册会计师应根据企业提供的“在途物资”“原材料”“库存商品”“低值易耗品”“委托加工物资”“生产成本”“存货跌价准备”明细账编制，复核加计正确，并与报表数、总账数和明细账合计数核对是否相符。注册会计师应注意财务报表中的“存货”项目金额为各类存货项目相加后减去存货跌价准备的余额。

2. 实质性分析程序

存货的实质性分析程序中较常见的是对存货周转天数的实质性分析程序。注册会计师应计算存货周转天数，并将其与以前年度或者预期值比较，调查重大变动或者差异的原因。

3. 存货监盘

1）存货监盘的目的

注册会计师对存货进行实地监盘，旨在获取有关期末存货数量和状况的审计证据，以确证被审计单位记录的所有存货确实存在,已经反映了被审计单位拥有的全部存货,并属于被审计单位的合法财产。

2) 了解被审计单位存货及其盘点程序

注册会计师需要获取客户编制的盘点计划,检查其是否对存货盘点制定了适当的程序。注册会计师需要了解存货的种类、特点及其存放地点,并与管理层讨论其存货盘点程序,包括盘点的时间安排,盘点的范围和地点的确定,盘点人员的分工及胜任能力,具体盘点方法(如对存货称重或者测量),盘点计划指令的传达,盘点期间存货移动的控制,盘点结果的记录,以及盘盈盘亏的调查与处理等。

3) 编制存货监盘计划

注册会计师根据对被审计单位存货及其盘点程序的了解,制订监盘计划。存货监盘计划通常包括以下主要内容:

(1) 监盘的时间。盘点的时间且应尽可能接近资产负债表日。监盘要与被审计单位的盘点同时进行,或者在被审计单位盘点期间的某一时间段进行。

(2) 监盘的地点、范围。注册会计师通常重点考虑被审计单位的重要存货存放地点,将金额较大或者性质特殊的存货品种列入监盘范围。

(3) 监盘的人员。注册会计师应当根据被审计单位参加存货盘点人员分工、分组情况、监盘工作量的大小和人员素质情况,确定参加存货监盘的人员组成及具体分工。

(4) 监盘的程序及关注事项。监盘的程序包括实施监盘的具体方法、步骤。注册会计师需要重点关注的事项包括盘点期间的存货移动和截止确认、存货的状况等。

4) 实施存货监盘

注册会计师应从以下几个方面实施存货监盘:

(1) 取得存货盘点清单。

(2) 观察管理层制定的盘点程序的执行情况。其一,观察盘点人员是否认真盘点,是否熟悉存货的情况,盘点数量是否准确,是否认真记录盘点情况。其二,观察盘点现场存货是否摆放整齐,并附有盘点标识,防止遗漏或者重复盘点;检查所有权不属于被审计单位的存货,是否单独放置并且没有被纳入盘点范围。其三,观察存货移动,检查截止确认。盘点时,被审计单位最好能停止生产和出入库,这样存货可以保持不发生移动。但在很多情况下存货的移动是难以避免的,如果盘点过程中被审计单位的生产经营仍持续进行,注册会计师应检查被审计单位是否已设置了相应的控制程序,如盘点时是否将所有在盘点截止日以前入库的存货包括在盘点范围内,并已反映在截止日以前的会计记录;任何在截止日期以后入库的存货项目是否均未包括在盘点范围内,也未反映在截止日以前的会计记录中;所有在截止日以前装运出库的存货项目是否均未包括在盘点范围内,且未包括在截止日的存货账面余额中;任何在截止日期以后装运出库的存货项目是否均已包括在盘点范围内,并已包括在截止日的存货账面余额中;所有已确认为销售但对方尚未提货的商品是否均未包括在盘点范围内,且未包括在截止日的存货账面余额中;所有已记录为购货但尚未入库的存货是否均已包括在盘点范围内,并已反映在会计记录中。

(3) 检查存货。在监盘过程中,注册会计师应注意识别毁损或者陈旧的存货,并将其详细情况记录下来,这既便于进一步追查这些存货的处置情况,也能为测试存货跌价准备计提的准确性提供证据。

(4) 执行抽盘。注册会计师从存货盘点清单中选取一定数量的存货项目追查至存货实物,以及从存货实物中选取项目追查至盘点记录,以获取关于存货盘点清单准确性和完整性的审计证据。在执行抽盘现场,注册会计师通常在存货盘点清单中勾画标记抽盘过程,盘点现场结束后,注册会计师需编制抽盘记录表来整理、记录抽盘结果。

如果在实施抽盘程序时发现差异,注册会计师应查明原因,并考虑是否提请被审计单位调整。检查的内容通常仅仅是已盘点存货中的一部分,注册会计师在检查中发现的错误很可能意味着被审计单位的存货盘点还存在着其他错误,因此,注册会计师还应考虑错误的潜在范围和重大程度以及对进一步审计程序的影响。

值得注意的是,如果发现盘点过程中有重大差异,注册会计师应尽快汇报给审计经理,以评估对进一步审计程序的影响。

5) 监盘结束后的工作

(1) 编制抽盘记录表。注册会计师应取得被审计单位完成的存货盘点记录的复印件,以及最终的存货盘点结果汇总记录;检查是否对盘点差异原因进行了调查,是否对盘盈、盘亏进行了审批处理,相关会计处理是否正确。

(2) 取得被审计单位盘点当日财务账面记录的存货明细数据。

(3) 如果存货盘点日是资产负债表日,注册会计师应将存货盘点清单与财务账面记录的存货明细进行核对。

(4) 如果存货盘点日不是资产负债表日,早于或者晚于资产负债表日,注册会计师需选取存货样本,将盘点日的存货数量前推或者后推到资产负债表日的数量,并与资产负债表日的账面记录进行核对。前推或者后推的方法用来检查盘点日和资产负债表日之间的存货变动及其原始单据(如出库单、入库单、发运单、发票等)。

4. 存货计价测试

存货计价测试即对存货成本计算是否准确的测试。

监盘程序主要是对存货的结存数量予以确认。为验证财务报表上存货余额的真实性,注册会计师还必须对存货的计价进行审计,即对期末结存存货的单位成本是否正确进行测试。

(1) 了解被审计单位的存货计价方法。企业常用的存货计价方法有先进先出法、一次加权平均法、移动加权平均法。注册会计师应复核其采用的计价方法的合理性和一贯性。

(2) 注册会计师在期末结存存货中选取样本,按照被审计单位采用的合理的计价方法重新计算存货期末单价,将计算结果与账面记录对比,分析差异原因,并考虑是否提出审计调整建议。

5. 测试存货跌价准备计提是否恰当

注册会计师可从以下两个方面进行测试:

(1) 识别需要计提跌价准备的存货项目。注册会计师通过在存货监盘过程中检查存货状况,询问管理层和相关部门(生产、仓储、财务、销售等)员工,了解被审计单位是否有过时、陈旧、毁损、滞销、残次的存货。如果被审计单位编制了存货货龄分析表,则审计人员可以通过审阅该分析表来识别需要计提跌价准备的存货项目。

(2) 检查可变现净值的计量是否合理。对期末存货应采用成本与可变现净值孰低的方法计量,注册会计师应充分关注被审计单位对存货可变现净值的确定方法,进而确定存货跌价准备的计提是否正确。其中,可变现净值是指企业在日常活动中,存货的估计售价减去至完工时估计将要发生的成本、估计的销售费用和相关税费后的金额。企业确定存货的可变现净值，应当以取得的确凿证据为基础。

（三）应付职工薪酬的实质性程序

（1）注册会计师应编制应付职工薪酬明细变动表，复核加计是否正确，并与报表数、总账数和明细账合计数核对是否相符。

（2）注册会计师应比较应付职工薪酬期末余额与上期期末余额的差异，若差异金额较大，应进一步调查原因，了解工资、奖金计提和发放的方法，分析是否有多计提或者少计提工资的情况。

（3）检查工资、奖金等职工薪酬在期后的发放凭证，关注如果有发放的上年的工资、奖金等，应付职工薪酬期末余额中是否已进行恰当的计提。例如，被审计单位年后1月发放了上年12月的奖金，则注册会计师需关注应付职工薪酬年末余额中是否包含此部分应计提的奖金。

（4）注册会计师应进行工资月度分析，比较各月工资总额、人数、平均工资的变动情况，询问管理层变动原因，或者取得关于员工工资标准的决议等相关文件资料。

（5）注册会计师应抽查工资、奖金计提的相关凭证，检查其计提金额是否与经批准的计算表等原始凭证相符，计提依据是否恰当。

（6）注册会计师应测试社保计提是否正确，检查社保的计提政策是否符合国家和地方的相关规定，并根据计提基数和比例测算"五险一金"的计提金额是否正确。

（7）注册会计师应抽查工资、社保、福利费的支付，抽取工资、社保、福利费支付的记账凭证，核对其入账金额等是否与支付单据等原始单据一致。

（8）注册会计师应核对应付职工薪酬与成本费用类账户之间的勾稽关系，将"应付职工薪酬"账户贷方的本期计提数与"生产成本""制造费用""管理费用""销售费用"明细账中借方记录的人工费用相比较，以检查所计提职工薪酬是否已全部摊入本期产品成本或者费用；若存在差异，应追查原因。

（四）管理费用、销售费用的实质性程序

（1）注册会计师应编制管理费用、销售费用明细表，复核加计是否正确，并与报表数、总账数和明细账合计数核对是否相符。

（2）注册会计师应比较管理费用、销售费用明细项目本年和上年的变动，如果变动较大，向被审计单位询问原因。

（3）注册会计师应抽查金额较大和变动较大的项目的原始凭证，关注费用的性质、发票金额、付款申请单、报销单等信息是否与入账凭证相符。

（4）注册会计师应实施截止性测试，旨在确定管理费用、销售费用是否被计入正确的会计期间，即是否有应该在本期入账却延迟到下期入账的费用，是否有应该在下期入账却提前在本期入账的费用。注册会计师可以从管理费用、销售费用明细账中选取在资产负债表日前后几天的记账凭证，与费用的原始凭证核对，确定记账日期与费用的实际发生日期是否在同一会计期间。

证监会行政处罚决定书资料（综合）

【案例研讨】

阅读二维码列示的案例资料，讨论回答以下问题：

风险评估、控制测试、实质性测试中，被审计单位若出现案例所示的有关营业收入、应收账款等方面的具体问题,对注册会计师审计有何警示。

阅读·分享

银行函证数字化

为贯彻落实《国务院办公厅关于进一步规范财务审计秩序　促进注册会计师行业健康发展的意见》(国办发〔2021〕30号)要求,进一步推进银行函证规范化、集约化、数字化,提升审计质量和效率,财政部和银保监会发布了《关于加快推进银行函证规范化、集约化、数字化建设的通知》(财会〔2022〕39号)。自2023年1月1日起,备案从事证券业务的会计师事务所开展上市公司年报审计业务时,应当实现上市公司银行函证业务集约化。即,由会计师事务所指定处理函证的内部专门机构(或岗位)统一、集中处理函证业务,不得由项目组或注册会计师个人自行收发函证。其他会计师事务所和其他审计业务应当于2023年12月31日前实现银行函证集约化。鼓励具备条件的会计师事务所和银行通过银行函证平台(包括第三方函证平台和银行自建函证平台,下同)开展数字化函证,有效提升函证效率和效果。

中注协与中国银行业协会、中国互联网金融协会、中国金融认证中心开展合作,建立了第三方电子函证平台。该平台运行的效果良好,极大地提高了函证业务处理效率,管控了各业务环节的风险。截至目前,绝大部分备案从事证券服务业务的会计师事务所均已接入银行函证电子平台;正式上线运营的银行业金融机构超过1 500家。

会计审计行业正处于数字化转型发展的新时代,你还了解哪些新技术、新做法,谈谈这些新技术、新做法对会计审计工作的影响。

练　习　题

一、单项选择题

1. 下列与现金业务有关的职责中,可以不分离的是(　　)。

A. 现金支付的审批与执行

B. 现金保管与现金日记账的记录

C. 现金的会计记录与审计监督

D. 现金保管与现金总分类账的记录

2. 监盘库存现金是注册会计师证实被审计单位资产负债表所列现金是否存在的一项重要程序,被审计单位必须参加盘点的人员是(　　)。

A. 会计主管人员和内部审计人员　　B. 出纳和会计主管人员

C. 现金出纳和银行出纳　　D. 出纳和内部审计人员

3. 注册会计师在检查被审计单位2022年12月31日的银行存款余额调节表时发现的调节事项中,有迹象表明性质或者范围不合理的是(　　)。

A. "银行已收、企业未收"项目包含一项2022年12月31日到账的应收账款,被审计单位尚未收到银行的收款通知

B. “企业已付、银行未付”项目包含一项被审计单位于2022年12月31日提交的转账支付申请，用来支付被审计单位2022年12月份的电费

C. “企业已收、银行未收”项目包含一项2022年12月30日收到的退货款，被审计单位已将供应商提供的支票提交银行

D. “银行已付、企业未付”项目包含一项2022年11月支付的销售返利，该笔付款已经总经理授权，但由于经办人员未提供相关单据，会计部门尚未入账

二、多项选择题

1. 被审计单位2022年12月31日的银行存款余额调节表包括一笔“企业已付、银行未付”调节项，其内容为以支票支付赊购材料款。下列审计程序中，能为该调节项提供审计证据的有(　　)。

A. 检查付款申请单是否经适当批准

B. 检查银行日记账

C. 检查支票开具日期

D. 检查2023年1月的银行对账单

2. 函证银行存款余额是证实资产负债表所列银行存款是否存在的重要程序。通过向往来银行的函证，注册会计师可以获得的审计证据有(　　)。

A. 企业银行存款是否存在的审计证据

B. 欠银行债务的审计证据

C. 是否有企业未登记的银行借款的审计证据

D. 是否存在被管理者出现虚增利润的问题

3. 注册会计师寄发的银行询证函的要求有(　　)。

A. 以被审计单位的名义发往开户银行　　B. 采用积极式询证函

C. 银行直接回函至会计师事务所　　D. 包括银行存款和借款余额

4. 下列对存货审计的程序中，属于实质性程序的有(　　)。

A. 了解存货内部控制制度　　B. 测试存货入库的内部控制

C. 存货的实地监盘　　D. 存货的计价测试

三、业务题

1. 审计人员对某被审计单位实施了如下审计程序：

(1) 检查出纳是否每天执行现金盘点、编写现金盘点表，并由会计主管审核。

(2) 检查是否有专人编制银行存款余额调节表，并由会计主管审核。

(3) 检查入库单是否有采购、检验、库管员等的签字。

(4) 现金监盘、存货监盘。

(5) 银行函证、应收账款函证、应付账款函证。

(6) 对固定资产计提折旧进行重新计算，并与被审计单位账面数核对。

(7) 抽查管理费用凭证。

要求：请回答上述审计程序中，哪些属于控制测试？哪些属于实质性程序？

2. ABC会计师事务所的A注册会计师负责审计甲公司2022年度财务报表，与货币资金审计相关的部分事项如下：

(1) 对于账面余额存在差异的银行账户，A注册会计师获取了银行存款余额调节表，检查

了该表中的加计数是否正确，并检查了调节后的银行存款日记账余额与银行对账单余额是否一致，据此认可了银行存款余额调节表。

(2) 甲公司有一笔 2021 年 10 月存入的期限 2 年的大额定期存款。A 注册会计师在 2021 年度财务报表审计中检查了开户证实书原件并实施了函证，结果未发现异常，因此，未在 2022 年度审计中实施审计。

要求：请逐项指出 A 注册会计师的做法是否恰当；如不恰当，简要说明理由。

3. B 注册会计师负责审计乙公司 2022 年度财务报表，确定财务报表总体的重要性水平为 300 万元，实际执行的重要性水平为 210 万元。B 注册会计师在审计工作底稿中记录了实施的审计程序，部分内容摘录如下：

乙公司×产品在发货时开具出库单，在客户验收后确认销售收入，出库单按出库顺序连续编号。B 注册会计师选取了 2022 年 12 月最后若干张和 2023 年 1 月最前若干张出库单，检查其对应的销售收入是否分别记录在 2022 年度和 2023 年度。

要求：指出 B 注册会计师的做法是否恰当；如不恰当，请简要说明理由。

4. C 注册会计师负责审计丙公司 2022 年度财务报表，确定财务报表总体的重要性水平为 240 万元。C 注册会计师在审计工作底稿中记录了实施的实质性程序，部分内容摘录如下：

丙公司年末应付账款余额为 1 000 万元。C 注册会计师选取前十大供货商实施函证，均收到回函。回函显示一笔 5 万元的差异，丙公司管理层同意调整。因回函总额占应付账款余额的 70%，错报明显微小且已更正，C 注册会计师没有对剩余总体实施其他审计程序。

要求：指出 C 注册会计师的做法是否恰当；如不恰当，简要说明理由。

项目 5

完成审计工作

【重点和难点】

1. 掌握审定后财务报表的编制方法。
2. 掌握审计意见的类型。

【知识点思维导图】

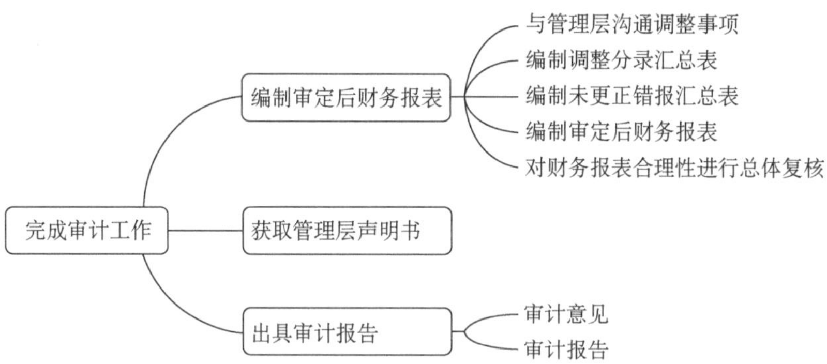

任务 5.1　编制审定后财务报表

一、任务布置

【任务 5-1】　编制审定后财务报表

根据本教材项目 6 中的实训资料,编制调整分录汇总表、审定后财务报表、未更正错报汇总表。

二、知识链接

(一) 与管理层沟通调整事项

注册会计师在审计过程中发现的需要调整财务报表的事项,应及时与被审计单位管理层沟通,如果被审计单位予以采纳,则调整其财务报表;如果被审计单位不予采纳,应分析原因,确定该事项是否需要在审计报告中予以反映。

(二) 编制调整分录汇总表

注册会计师应将审计过程中发现的调整事项,以调整分录的形式反映并汇总起来。

(三) 编制未更正错报汇总表

注册会计师应将审计过程中发现的错报金额小于执行的重要性水平,但大于“明显微小错报的临界值”的调整事项(参见“任务 3.2　确定重要性水平”),以调整分录的形式反映并汇总起来。

(四) 编制审定后财务报表

注册会计师应将审计前财务报表的各项目加上调整分录后,编制审定后财务报表。样表如表 5-1 所示。

表 5-1　　**资产负债表**

单位名称:　　编制人员:　　编制日期:

报表截止日:2022 年 12 月 31 日　　复核人员:　　单位:人民币元

项目	期初余额	调整前 期末余额	调整分录		调整后 期末余额
			借方	贷方	
流动资产:					
货币资金					
应收票据					
应收账款					
其他应收款					
……					
资产总计					
流动负债:					
短期借款					
……					
负债合计					
所有者权益(或股东权益):					
实收资本(或股本)					
……					
所有者权益(或股东权益)合计					
负债和所有者权益(或股东权益)总计					

(五) 对财务报表合理性进行总体复核

在确定了审定后的财务报表后,注册会计师需要运用分析程序,确定经审计调整后的财务报表整体是否与审计过程中对被审计单位的了解一致,是否还有重大异常的情况。

任务 5.2　获取管理层声明书

一、任务布置

【任务 5-2】　讨论:管理层声明书的作用

根据本教材项目 6 中的实训资料,假设审计报告出具日是 2023 年 4 月 10 日,请参考知识链接中的[样例],编制一份高质模具有限责任公司的管理层声明书,签署日和审计报告日为同一天。

二、知识链接

管理层声明书是指管理层向注册会计师提供的书面陈述。注册会计师应当要求管理层提供书面声明,确认其根据审计业务约定条款,履行了按照适用的财务报表编制基础编制财务报表,并使其实现公允反映的责任。

管理层签署声明书的日期应当尽量接近对财务报表出具审计报告的日期,不得在审计报告日后,一般和审计报告为同一天。

下面列出管理层书面声明的样例以供参考。

【样例】

管理层声明书

XYZ 会计师事务所:

本声明书是针对贵所审计我公司截至 2022 年 12 月 31 日的年度财务报表而提供的。审计的目的是对财务报表发表意见,以确定财务报表是否在所有重大方面已按照《企业会计准则》的规定编制,并实现公允反映。

尽我们所知,并在做出了必要的查询和了解后,我们确认:

一、财务报表

1. 我们已履行 2022 年 10 月签署的审计业务约定书中提及的责任,即根据《企业会计准则》的规定编制财务报表,并对财务报表进行公允反映。

2. 在做出会计估计时使用的重大假设(包括与公允价值计量相关的假设)是合理的。

3. 已根据《企业会计准则》的规定对关联方关系及其交易做出了恰当的会计处理和披露。

4. 根据《企业会计准则》的规定,所有需要调整或者披露的资产负债表日后事项都已得到调整或者披露。

5. 未更正错报,无论是单独还是汇总起来,对财务报表整体的影响均不重大。未更正错报汇总表附在本声明书后。

二、提供的信息

1. 我们已向你们提供下列工作条件:

(1) 允许接触我们注意到的、与财务报表编制相关的所有信息(如记录、文件和其他事项)。

(2) 基于审计目的要求我们提供的其他信息。

(3) 允许在获取审计证据时不受限制地接触你们认为必要的本公司内部人员和其他相关人员。

2. 所有交易均已记录并反映在财务报表中。

3. 我们已向你们披露了由于舞弊可能导致的财务报表重大错报风险的评估结果。

4. 我们已向你们披露了我们注意到的、可能影响本公司的与舞弊或者舞弊嫌疑相关的所有信息,这些信息涉及本公司的:

(1) 管理层。

(2) 在内部控制中承担重要职责的员工。

(3) 其他人员(在舞弊行为导致财务报表重大错报的情况下)。

5. 我们已向你们披露了从现任和前任员工、分析师、监管机构等方面获知的、影响财务报表的舞弊指控或者舞弊嫌疑的所有信息。

6. 我们已向你们披露了所有已知的、在编制财务报表时应当考虑其影响的违反或者涉嫌违反法律法规的行为。

7. 我们已向你们披露了我们注意到的关联方的名称和特征、所有关联方关系及其交易。

附:未更正错报汇总表

ABC公司 ABC公司管理层
(盖章) (签名并盖章)
中国××市 二〇二三年××月××日

附:未更正错报汇总表

被审计单位: 索引号:
项目: 财务报表截止日/期间:
编制: 复核:
日期: 日期:

序号	内容及说明	索引号	未调整内容				备注
			借方项目	借方金额	贷方项目	贷方金额	

未更正错报的影响:

项目	金额	百分比
1. 总资产	________	________
2. 净资产	________	________
3. 销售收入	________	________
4. 费用总额	________	________
5. 毛利	________	________
6. 净利润	________	________

结论:

被审计单位授权代表签字:________________ 日期:________

任务 5.3　出具审计报告

一、任务布置

【任务 5-3】　比较四种意见类型的审计报告

请参阅本任务“知识链接”中的审计报告样例，比较无保留意见、保留意见、否定意见、无法表示意见这四种意见类型审计报告内容的区别。

二、知识链接

发表审计意见、出具审计报告是审计工作的最后一步，是审计的最终结果。

(一) 审计意见

注册会计师应当就财务报表是否在所有重大方面按照适用的财务报告编制基础编制并实现公允反映形成审计意见。

审计意见的基本类型有以下两大类。

1. 无保留意见

无保留意见是指当注册会计师认为财务报表在所有重大方面按照适用的财务报告编制基础编制并实现公允反映时发表的审计意见。

2. 非无保留意见

非无保留意见是指保留意见、否定意见或者无法表示意见。它又可分为以下三种类型的意见。

1）保留意见

当存在下列情形之一时，注册会计师应当发表保留意见：

(1) 在获取充分、适当的审计证据后，注册会计师认为错报单独或者汇总起来对财务报表影响重大，但不具有广泛性。

(2) 注册会计师无法获取充分、适当的审计证据以作为形成审计意见的基础，但认为未发现的错报(如存在)对财务报表可能产生的影响重大，但不具有广泛性。

2）否定意见

在获取充分、适当的审计证据后，如果认为错报单独或者汇总起来对财务报表的影响重大且具有广泛性，注册会计师应当发表否定意见。

3）无法表示意见

如果无法获取充分、适当的审计证据以作为形成审计意见的基础，但认为未发现的错报(如存在)对财务报表可能产生的影响重大且具有广泛性，注册会计师应当发表无法表示意见。其中，广泛性是描述错报影响的术语，用来说明错报对财务报表的影响，或者由于无法获取充分、适当的审计证据而未发现的错报(如存在)对财务报表可能产生的影响。

注册会计师发表非无保留意见的类型如表 5-2 所示。

表5-2 注册会计师发表非无保留意见的类型

导致发表非无保留意见的事项的性质	这些事项对财务报表产生或者可能产生影响的广泛性	
	重大但不具有广泛性	重大且具有广泛性
财务报表存在重大错报	保留意见	否定意见
无法获取充分、适当的审计证据	保留意见	无法表示意见

(二)审计报告

1. 定义

审计报告是指注册会计师根据审计准则的规定,在执行审计工作的基础上,对财务报表发表审计意见的书面文件。

2. 审计报告的形式和内容

1)审计报告的形式

审计报告应当采用书面形式。

2)审计报告的内容

审计报告应当包括下列基本内容:

(1)标题。

(2)收件人。

(3)审计意见。

(4)形成审计意见的基础。

(5)关键审计事项。

(6)管理层和治理层对财务报表的责任。

(7)注册会计师对财务报表审计的责任。

(8)按照相关法律法规的要求报告的事项(如适用)。

(9)注册会计师的签名和盖章。

(10)会计师事务所的名称、地址和盖章。

(11)报告日期。

3. 在审计报告中增加强调事项段和其他事项段

1)强调事项段

强调事项段是指审计报告中含有的一个段落,该段落提及已在财务报表中恰当列报或者披露的事项,且根据注册会计师的职业判断,该事项对财务报表使用者理解财务报表至关重要。审计报告中包含强调事项段不影响审计意见。

需要在审计报告中增加强调事项段的情形如下:

(1)提醒财务报表使用者注意财务报表按照特殊目的编制基础编制。

(2)诉讼的未来结果存在不确定性。

(3)存在已经或者持续对审计单位财务状况产生重大影响的特大灾难。

2)其他事项段

其他事项段是指审计报告中含有的一个段落,该段落提及未在财务报表中列报或者披露的事项,且根据注册会计师的职业判断,该事项与财务报表使用者理解审计工作、注册会计师的责任或者审计报告相关。

4. 审计报告的样例

1) 无保留意见审计报告

下面列出无保留意见审计报告的样例以供参考。

【样例】

审 计 报 告(无保留意见)

ABC股份有限公司全体股东:

一、对财务报表出具的审计报告

(一) 审计意见

我们审计了ABC股份有限公司(以下简称“ABC公司”)的财务报表,包括2022年12月31日的资产负债表,2022年度的利润表、现金流量表、股东权益变动表以及相关财务报表附注。

我们认为,后附的财务报表在所有重大方面按照《企业会计准则》的规定编制,公允反映了ABC公司2022年12月31日的财务状况以及2022年度的经营成果和现金流量。

(二) 形成审计意见的基础

我们按照《中国注册会计师审计准则》的规定执行了审计工作。审计报告的“注册会计师对财务报表审计的责任”部分进一步阐述了我们在这些准则下的责任。按照《中国注册会计师职业道德守则》,我们独立于ABC公司,并履行了职业道德方面的其他责任。我们相信,我们获取的审计证据是充分、适当的,为发表审计意见提供了基础。

(三) 关键审计事项

关键审计事项是根据我们的职业判断,认为对本期财务报表审计最为重要的事项。这些事项是在对财务报表整体进行审计并形成意见的背景下进行处理的,我们不对这些事项提供单独的意见。

[按照《中国注册会计师审计准则第1504号——在审计报告中沟通关键审计事项》的规定描述每一关键审计事项]

(四) 其他信息

[按照《中国注册会计师审计准则第1521号——注册会计师对其他信息的责任》的规定报告]

(五) 管理层和治理层对财务报表的责任

管理层负责按照《企业会计准则》的规定编制财务报表,使其实现公允反映,并设计、执行和维护必要的内部控制,以使财务报表不存在由于舞弊或者错误导致的重大错报。

在编制财务报表时管理层负责评估ABC公司的持续经营能力,披露与持续经营相关的事项(如适用),并运用持续经营假设,除非计划清算ABC公司、停止营运或者别无其他现实的选择。

治理层负责监督ABC公司的财务报告过程。

(六) 注册会计师对财务报表审计的责任

我们的目标是对财务报表整体是否不存在由于舞弊或者错误导致的重大错报获取合理保证,并出具包含审计意见的审计报告。合理保证是高水平的保证,但并不能保证按照审计准则执行的审计在某一重大错报存在时总能发现。错报可能由于舞弊或者错误导致,如果合理预期错报单据或者汇总起来可能影响财务报表使用者依据财务报表做出的经济决策,则通常认为错报是重大的。

在按照审计准则执行审计的过程中,我们运用了职业判断,保持了职业怀疑。我们同时:

(1) 识别和评估由于舞弊或者错误导致的财务报表重大错报风险;对这些风险有针对性地设计和实施审计程序;获取充分、适当的审计证据,作为发表审计意见的基础。由于舞弊可能涉及串通、伪造、故意遗漏、虚假陈述或者凌驾于内部控制之上,未能发现由于舞弊导致的重大错报的风险高于未能发现由于错误导致的重大错报的风险。

(2) 了解与审计相关的内部控制,以设计恰当的审计程序,但目的并非对内部控制的有效性发表意见。

(3) 评价管理层选用会计政策的恰当性和做出会计估计及相关披露的合理性。

(4) 对管理层使用持续经营假设的恰当性得出结论。同时，根据获取的审计证据，就可能导致对ABC公司持续经营能力产生重大疑虑的事项或者情况是否存在重大不确定性得出结论。如果我们得出结论认为存在重大不确定性，审计准则要求我们在审计报告中提请报表使用者注意财务报表中的相关披露；如果披露不充分，我们应当发表非无保留意见。我们的结论基于审计报告日可获得的信息。然而，未来的事项或者情况可能导致ABC公司不能持续经营。

(5) 评价财务报表的总体列报、结构和内容(包括披露)，并评价财务报表是否公允反映相关交易和事项。

我们与治理层就计划的审计范围、时间安排和重大审计发现(包括我们在审计中识别的值得关注的内部控制缺陷)等事项进行沟通。

我们还就遵守关于独立性的相关职业道德要求向管理层提供声明，并就可能被合理认为影响我们独立性的所有关系和其他事项，以及相关的防范措施(如适用)与治理层进行沟通。

从与治理层沟通的事项中，我们确定哪些事项对本期财务报表审计最为重要，因而构成关键审计事项。我们在审计报告中描述这项事项，除非法律法规禁止公开披露这些事项，或者在极其罕见的情形下，如果合理预期在审计报告中沟通某事项造成的负面后果超过在公众利益方面产生的益处，我们确定不应在审计报告中沟通该事项。

二、按照相关法律规定的要求报告的事项

[本部分的格式和内容，取决于法律法规对其他报告责任的性质的规定]

××会计师事务所　　　　　　　　　　中国注册会计师：××(项目合伙人)

(盖章)　　　　　　　　　　　　　　(签名并盖章)

中国注册会计师：××

(签名并盖章)

中国××市　　　　　　　　　　　　二〇二三年四月十五日

2) 保留意见审计报告

下面列出由于财务报表存在重大错报(不具有广泛性)而发表保留意见审计报告的样例以供参考。

【样例】

审 计 报 告(保留意见)

ABC股份有限公司全体股东：

一、对财务报表出具的审计报告

(一) 保留意见

我们审计了ABC股份有限公司(以下简称“ABC公司”)的财务报表，包括2022年12月31日的资产负债表，2022年度的利润表、现金流量表、股东权益变动表以及相关财务报表附注。

我们认为，除“形成保留意见的基础”部分所述事项产生的影响外，后附的财务报表在所有重大方面按照《企业会计准则》的规定编制，公允反映了ABC公司2022年12月31日的财务状况以及2022年度的经营成果和现金流量。

(二) 形成保留意见的基础

ABC公司2022年12月31日资产负债表中存货的列示金额为××元。管理层根据成本对存货进行计量，而没有根据成本与可变现净值孰低的原则进行计量，这不符合《企业会计准则》的规定。ABC 公司的会计记录显示，如果管理层以成本与可变现净值孰低来计量存货，存货列示金额将减少××元。相应地，资产减值损失将增加××元，所得税费用、净利润和股东权益将分别减少××元、××元和××元。

我们按照《中国注册会计师审计准则》的规定执行了审计工作。审计报告的“注册会计师对财务报表审计的责任”部分进一步阐述了我们在这些准则下的责任。按照《中国注册会计师职业道德守则》，我们独立于 ABC 公司，并履行了职业道德方面的其他责任。我们相信，我们获取的审计证据是充分、适当的，为发表审计意见提供了基础。

（三）其他信息

[按照《中国注册会计师审计准则第 1521 号——注册会计师对其他信息的责任》的规定报告，其他信息部分的最后一段需要进行改写，以描述导致注册会计师对财务报表发表保留意见并且影响其他信息的事项]

（四）关键审计事项

关键审计事项是根据我们的职业判断，认为对本期财务报表审计最为重要的事项。这些事项是在对财务报表整体进行审计并形成意见的背景下进行处理的，我们不对这些事项提供单独的意见。除了“形成保留意见的基础”部分所述事项，我们确定下列事项是需要在审计报告中沟通的关键审计事项。

[按照《中国注册会计师审计准则第 1504 号——在审计报告中沟通关键审计事项》的规定描述每一关键审计事项]

（五）管理层和治理层对财务报表的责任

[略，与无保留意见审计报告格式相同]

（六）注册会计师对财务报表审计的责任

[略，与无保留意见审计报告格式相同]

二、按照相关法律规定的要求报告的事项

[略，与无保留意见审计报告格式相同]

××会计师事务所　　　　　　　　　　　　中国注册会计师：××（项目合伙人）
（盖章）　　　　　　　　　　　　　　　　　　（签名并盖章）
　　　　　　　　　　　　　　　　　　　　中国注册会计师：××
　　　　　　　　　　　　　　　　　　　　　　（签名并盖章）

中国××市　　　　　　　　　　　　　　　二〇二三年四月二十日

3）否定意见审计报告

下面列出由于财务报表存在重大错报（具有广泛性）而发表否定意见审计报告的样例以供参考。

【样例】

审 计 报 告（否定意见）

ABC 股份有限公司全体股东：

一、对财务报表出具的审计报告

（一）否定意见

我们审计了 ABC 股份有限公司及其子公司（以下简称“ABC 集团”）的合并财务报表，包括 2022 年 12 月 31 日的合并资产负债表，2022 年度的合并利润表、合并现金流量表、合并股东权益变动表以及相关合并财务报表附注。

我们认为，由于“形成否定意见的基础”部分所述事项的重要性，后附的合并财务报表没有在所有重大方面按照××财务报告编制基础的规定编制，未能公允反映 ABC 集团 2022 年 12 月 31 日的合并财务状况以及 2022 年度的合并经营成果和合并现金流量。

（二）形成否定意见的基础

如财务报表附注 X 所述，2022 年 ABC 集团通过非同一控制下的企业合并获得对 XYZ 公司的控制权，因未能取得购买日 XYZ 公司某些重要资产和负债的公允价值，故未将 XYZ 公司纳入合并财务报表的范围。按照××财务报告编制基础的规定，该集团应将这一子公司纳入合并范围，并以暂估金额为基础核算该项收购。如果将 XYZ 公司纳入合并财务报表的范围，后附的 ABC 集团合并财务报表的多个报表项目将受到重大影响。但我们无法确定未将 XYZ 公司纳入合并范围对合并财务报表产生的影响。

我们按照《中国注册会计师审计准则》的规定执行了审计工作。审计报告的“注册会计师对财务报表审计的责任”部分进一步阐述了我们在这些准则下的责任。按照《中国注册会计师职业道德守则》，我们独立于 ABC 公司，并履行了职业道德方面的其他责任。我们相信，我们获取的审计证据是充分、适当的，为发表否定意见提供了基础。

（三）其他信息

[按照《中国注册会计师审计准则第 1521 号——注册会计师对其他信息的责任》的规定报告，其他信息部分的最后一段需要进行改写，以描述导致注册会计师对财务报表发表保留意见并且影响其他信息的事项]

（四）关键审计事项

除了“形成否定意见的基础”部分所述事项，我们认为，没有其他需要在我们的报告中沟通的关键审计事项。

（五）管理层和治理层对财务报表的责任

[略，与无保留意见审计报告格式相同]

（六）注册会计师对财务报表审计的责任

[略，与无保留意见审计报告格式相同]

二、按照相关法律规定的要求报告的事项

[略，与无保留意见审计报告格式相同]

××会计师事务所　　　　　　　　　　中国注册会计师：××（项目合伙人）
（盖章）　　　　　　　　　　　　　　（签名并盖章）
　　　　　　　　　　　　　　　　　　中国注册会计师：××
　　　　　　　　　　　　　　　　　　（签名并盖章）
中国××市　　　　　　　　　　　　　二〇二三年四月十八日

4）无法表示意见审计报告

下面列出由于无法获取充分、适当的审计证据而发表无法表示意见审计报告的样例以供参考。

【样例】

审 计 报 告（无法表示意见）

ABC 股份有限公司全体股东：

一、对财务报表出具的审计报告

（一）无法表示意见

我们审计了 ABC 股份有限公司（以下简称“ABC 公司”）的财务报表，包括 2022 年 12 月 31 日的资产负债表，2022 年度的利润表、现金流量表、股东权益变动表以及相关财务报表附注。

我们不对后附的ABC公司财务报表发表审计意见。由于"形成无法表示意见的基础"部分所述事项的重要性,我们无法获取充分、适当的审计证据以作为对财务报表发表审计意见的基础。

(二)形成无法表示意见的基础

我们于2023年1月接受ABC公司的审计委托,因而未能对ABC公司2022年年初金额为××元的存货和年末金额为××元的存货实施监盘程序。此外,我们也无法实施替代审计程序获取充分、适当的审计证据。并且,ABC公司于2022年9月采用新的应收账款电算化系统,由于存在系统缺陷导致应收账款出现大量错误。截至报告日,管理层仍在纠正系统缺陷并更正错误,我们也无法实施替代审计程序,以对截至2022年12月31日的应收账款总额××元获取充分、适当的审计证据。因此,我们无法确定是否有必要对存货、应收账款以及财务报表其他项目做出调整,也无法确定应调整的金额。

(三)管理层和治理层对财务报表的责任

[略,与无保留意见的审计报告格式相同]

(四)注册会计师对财务报表审计的责任

我们的责任是按照《中国注册会计师审计准则》的规定,对ABC公司的财务报表执行审计工作,以出具审计报告。但由于"形成无法表示意见的基础"部分所述的事项,我们无法获取充分、适当的审计证据以作为发表审计意见的基础。

按照《中国注册会计师职业道德守则》,我们独立于ABC公司,并履行了职业道德方面的其他责任。

二、按照相关法律规定的要求报告的事项

[略,与无保留意见审计报告的格式相同]

××会计师事务所　　　　　　　　　　中国注册会计师:××(项目合伙人)
(盖章)　　　　　　　　　　　　　　(签名并盖章)
　　　　　　　　　　　　　　　　　　中国注册会计师:××
　　　　　　　　　　　　　　　　　　(签名并盖章)
中国××市　　　　　　　　　　　　　二〇二三年××月××日

5)带强调事项段的无保留意见审计报告

下面列出带强调事项段的无保留意见审计报告的样例以供参考。

【样例】

审 计 报 告(带强调事项段的无保留意见)

ABC股份有限公司全体股东:

一、对财务报表出具的审计报告

(一)审计意见

我们审计了ABC股份有限公司(以下简称"ABC公司")的财务报表,包括2022年12月31日的资产负债表,2022年度的利润表、现金流量表、股东权益变动表以及相关财务报表附注。

我们认为,后附的财务报表在所有重大方面按照《企业会计准则》的规定编制,公允反映了ABC公司2022年12月31日的财务状况以及2022年度的经营成果和现金流量。

(二)形成审计意见的基础

我们按照《中国注册会计师审计准则》的规定执行了审计工作。审计报告的"注册会计师对财务报表审计的责任"部分进一步阐述了我们在这些准则下的责任。按照《中国注册会计师职业道德守则》,我们独立于ABC公司,并履行了职业道德方面的其他责任。我们相信,我们获取的审计证据是充分、适当的,为发表审计意见提供了基础。

（三）强调事项

我们提醒财务报表使用者关注，财务报表附注X描述了火灾对ABC公司的生产设备造成的影响。本段内容不影响已发表的审计意见。

（四）关键审计事项

关键审计事项是根据我们的职业判断，认为对本期财务报表审计最为重要的事项。这些事项是在对财务报表整体进行审计并形成意见的背景下进行处理的，我们不对这些事项提供单独的意见。

[按照《中国注册会计师审计准则第1504号——在审计报告中沟通关键审计事项》的规定描述每一关键审计事项]

（五）其他事项

2021年12月31日的资产负债表、2021年度的利润表、现金流量表、股东权益变动表以及相关财务报表附注由其他会计师事务所审计，并于2022年3月31日发表了无保留意见。

（六）其他信息

[略，与无保留意见审计报告格式相同]

（七）管理层和治理层对财务报表的责任

[略，与无保留意见审计报告格式相同]

（八）注册会计师对财务报表审计的责任

[略，与无保留意见审计报告格式相同]

二、按照相关法律规定的要求报告的事项

[略，与无保留意见审计报告格式相同]

××会计师事务所　　　　　　　　　　中国注册会计师：××（项目合伙人）
（盖章）　　　　　　　　　　　　　　（签名并盖章）
　　　　　　　　　　　　　　　　　　中国注册会计师：××
　　　　　　　　　　　　　　　　　　（签名并盖章）
中国××市　　　　　　　　　　　　　二〇二三年四月二十日

【案例研讨】

阅读二维码列示的案例资料，查找相关资料，讨论回答以下问题：

（1）案例资料中列示的平安银行、海航控股、獐子岛、大华新材、ST工新等公司的审计报告分别被出具了何种审计意见？

（2）请自行查询案例资料中列示的公司或者自己感兴趣的公司最近年度的审计报告，查看审计意见的类型。常见的查询网站有巨潮资讯网、各证券交易所网站、证监会网站等。

审计报告资料

阅读·分享

审计报告中的非无保留意见

注册会计师对财务报表整体发表的审计意见是审计报告的核心。在有必要发表非无保留意见的情况下，注册会计师发表恰当类型的非无保留意见，有助于报表使用者准确解读被审计单位财务信息存在或可能存在的重大错报，降低其对被审计单位财务信息的信赖程度，从而做出理性的经济决策。审计报告中的非无保留意见类型包括保留意见、否定意见和无法表示意见。实务中，是否发表非无保留意见，以及发表何种类型的非无保留意见，注册会计师需要根据被审计单位和审计业务的具体情况做出职业判断。保持审计意见类型判断标准的一致性，同时在审计报告中提供更为相关的信息以更好体现审计报告的价值，对提高财务信息有用性、保护投资者利益和维护资本市场稳定有序运行是十分重要的。

中注协在每年的上市公司年报审计期间发布年报审计情况，请登录中注协网站，查询最新发布的上市公司年报审计情况，查看哪些公司被出具了非无保留意见的审计报告。选择1～2家被出具非无保留意见审计报告的上市公司，在巨潮资讯网(http://www.cninfo.com.cn/)查询并阅读其审计报告，讨论其被出具非无保留意见的原因。

练　习　题

一、单项选择题

1. 注册会计师在评价尚未更正错报时，下列处理中，不恰当的是(　　)。

A. 尚未更正错报的汇总数低于重要性水平，注册会计师应当发表保留意见的审计报告

B. 尚未更正错报的汇总数高于重要性水平，注册会计师应当考虑通过扩大审计程序的范围或者要求管理层调整财务报表降低审计风险

C. 尚未更正错报的汇总数接近重要性水平，注册会计师应当考虑汇总数连同尚未发现的错报是否可能超过重要性水平，并考虑通过实施追加审计程序或要求管理层调整财务报表降低审计风险

D. 尚未更正错报的汇总数低于重要性水平，且从性质上对财务报表的影响不重大，注册会计师可以发表无保留意见的审计报告

2. 甲有限责任公司委托会计师事务所审计，其审计报告的收件人应为(　　)。

A. 甲有限责任公司全体股东　　B. 甲有限责任公司董事会

C. 甲有限责任公司全体职工　　D. 甲有限责任公司董事长

3. 注册会计师的审计责任是(　　)。

A. 对其出具的财务报表的真实性、合法性负责

B. 对其出具的审计报告的真实性、合法性负责

C. 对其出具的管理建议的真实性、合法性负责

D. 对其助理人员的工作负责

4. 下列情况中，注册会计师应出具带有强调事项段无保留意见审计报告的是(　　)。

A. 资产负债表日的一项未决诉讼，律师认为胜负难料，一旦败诉对企业将产生重大影响，被审计单位已在财务报表附注中进行了披露

B. 资产负债表日的一项未决诉讼，律师认为胜负难料，一旦败诉对企业将产生重大影响，被审计单位拒绝在财务报表附注中进行披露

C. 审计年度中转入不需用设备一台，未计提折旧金额为5万元(累计折旧重要性水平为

10 万元)，被审计单位未予调整

D. 被审计单位将按正常市价出售给子公司商品全部确认为当期收入，已在财务报表附注中作为关联方交易予以披露

5. 无法表示意见和保留意见的区别在于(　　)。

A. 拒绝进行调整金额的大小

B. 拒用会计政策的严重程度

C. 会计估计的不合理程序

D. 注册会计师审计范围受到限制的严重程序

二、多项选择题

1. 审计报告应当包括的内容有(　　)。

A. 标题与收件人　　B. 意见段

C. 责任段　　D. 报告日期

2. 审计意见的基本类型有(　　)。

A. 无保留意见　　B. 保留意见　　C. 否定意见　　D. 无法表示意见

3. 被审计单位和管理层应负的责任包括(　　)。

A. 设计、实施和维护与财务报表编制相关的内部控制

B. 按照适用的财务报告编制基础编制财务报表，并使其实现公允反映

C. 对内部控制进行审核

D. 保证审计报告真实

三、业务题

甲注册会计师在担任多家被审计单位 2022 年度财务报表审计的项目合伙人时，遇到下列导致出具非标准审计报告的事项：

(1) A 公司 2022 年年初开始使用新的 ERP 系统，因系统缺陷导致 2022 年度成本核算混乱，审计项目组无法对营业成本、存货等项目实施审计程序。

(2) 因 B 公司严重亏损，董事会拟于 2023 年对其进行清算。管理层运用持续经营假设编制了 2022 年度财务报表，并在财务报表附注中充分披露了清算计划。

(3) 2022 年 10 月，C 上市公司因涉嫌信息披露违规被证券监管机构立案稽查。截至审计报告日，尚无稽查结论，管理层在财务报表附注中披露了上述事项。

(4) 2022 年 1 月 1 日，D 公司通过收购取得子公司戊公司。由于戊公司账目混乱，D 公司管理层决定在编制 2022 年度合并财务报表时不将其纳入合并范围。戊公司 2022 年度的营业收入和税前利润约占 D 公司未审合并财务报表相应项目的 30%。

(5) E 公司在财务报表附注中披露了 2022 年 1 月 1 日对一台机器设备重新估计其使用年限和净残值，使用年限由原来的 8 年改为 6 年，净残值由原来的 4 000 元改为 2 000 元，此项估计变更影响本年度利润减少。注册会计师实施审计程序认为此项变更合法、合理。

(6) 在对 F 公司存货进行监盘时，甲注册会计师发现，产成品数量短缺 1 000 件，该产品单位成本为 690 元，F 公司按照注册会计师的意见调整了财务报表。该审计项目确定的重要性水平为 60 万元。

要求：针对上述事项(1)～(6)，逐项指出甲注册会计师应当出具何种类型的审计报告，并简要说明理由。

项目 6

审计助理岗位综合实训

【本章重点和难点】

1. 能够执行访谈程序以了解被审计单位的内部控制。

2. 能够执行货币资金、短期借款、应付职工薪酬、管理费用、销售费用、应收账款、固定资产的实质性程序。

3. 掌握编制审计工作底稿的方法。

4. 掌握编制审定后财务报表的方法。

【知识点思维导图】

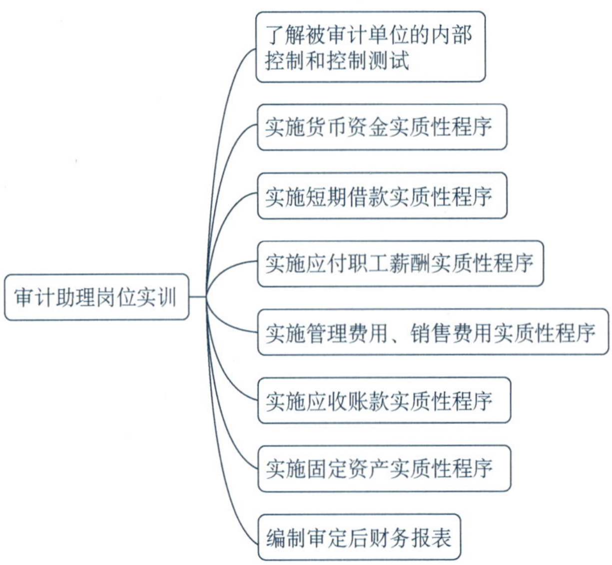

任务 6.1　了解被审计单位的内部控制和控制测试

一、任务布置

【任务 6-1】　了解被审计单位内部控制并编制审计工作底稿

完成表 6-1 列示的需要执行的审计程序，并填写审计工作底稿索引号和完成人。

表 6-1　　了解内部控制审计任务单

需要执行的审计程序	审计工作底稿索引号	完成人
1. 对客户的货币资金流程、销售与收款流程、采购与付款流程、生产与存货流程进行访谈，以了解业务流程层面的内部控制；将访谈的结果记录、整理在审计工作底稿（表 6-2、表 6-4、表 6-6、表 6-8）中		
2. 执行各流程内部控制的穿行测试（已完成，相关审计工作底稿见表 6-3、表 6-5、表 6-7、表 6-9）和控制测试（已完成，相关审计工作底稿见表 6-10、表 6-11）		

二、背景资料

（一）活动设计

建议采用小组角色扮演的方式完成此任务。角色及人数分配见图 6-1。

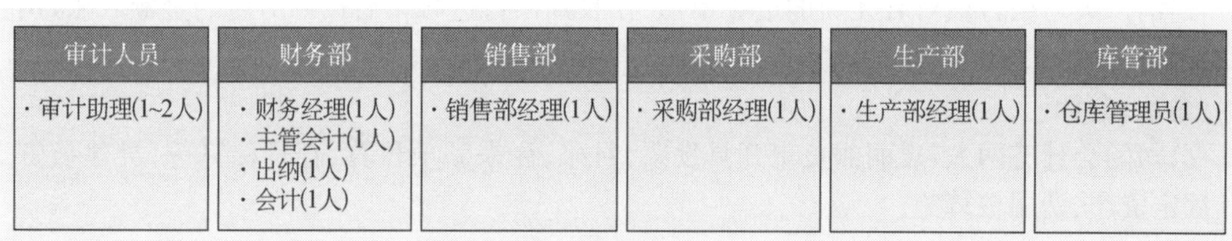

图 6-1　角色及人数分配

（二）访谈资料

角色：审计助理

审计助理与高质模具有限责任公司财务部、销售部、采购部、生产部的相关人员约好访谈时间、地点，并准备访谈提纲。审计助理在访谈过程中应边询问边记录，并于访谈结束后将记录整理在审计工作底稿中。相关资料见表 6-2、表 6-4、表 6-6、表 6-8。

下面是高质模具有限责任公司财务部、销售部、采购部、生产部的相关人员所掌握的与其岗位相关的资料，在接受审计人员访谈时，角色扮演者以这些资料为参考，回答审计人员的访谈问题。

1. 货币资金流程访谈资料

财务部设置财务经理、主管会计、出纳、会计四个岗位。

角色：财务经理

财务经理王洁负责货币融资、资金运作和财务审批事项。

财务部岗位职责文件规定，不能由一人单独办理货币资金业务的全过程。另外，公司制定有《财务授权审批制度》，对财务相关的各项审批权限做出规定。每年年初，财务经理负责汇总各部门上报的预算计划（具体包括采购、生产、销售、费用、资金等环节的预算计划），制定年度预算。总经理负责审批年度预算。财务经理根据公司资金流状况提出借款的方式和金额，报总经理和董事会批准。

公司的短期借款主要是银行借款，用于流动资金周转、货款周转、固定资产采购等。

角色:主管会计

主管会计张娟负责审核记账凭证、年底报表编制和财务部日常审批。所有记账凭证及后附资料均需由主管会计张娟审核。

角色:出纳

出纳赵丹负责现金日记账、银行存款日记账、支票、社保缴纳，并于月底编制银行余额调节表和现金盘点表，由主管会计复核。

出纳负责保管公司财务章。公章由财务经理负责保管。销售部保管公司合同章。总经理即公司法人，保管法人章，总经理出差期间授权财务经理保管法人章。

支票由出纳保管。同时，为方便支票管理，公司设有支票备查簿。支票必须同时盖有公章、财务章和总经理个人印章才有效。

出纳每月底进行现金盘点工作，并编制现金盘点表，盘点人需要在现金盘点表上签字，主管会计需复核签字。如现金账实不符，公司应立即进行责任追查。

现金收款主要为押金和金额较小的货款。对于现金收入，出纳开出相应收据，并由经手人签字确认。

出纳每天与银行核对有无新的进账单，并在收到银行进账单后按照对应的金额入账，由主管会计进行审核。

角色:会计

公司的会计有两人：袁丽丽负责开具发票、对账、往来款项核算、存货核算等；吴建负责工资、固定资产、费用核算等。

每月底，会计袁丽丽将银行对账单和企业银行存款日记账进行核对，并编制银行存款余额调节表。主管会计对其审核并签字。

财务部根据每月底应付账款余额与供应商对账。

财务经理根据核对后的应付账款清单，结合公司资金周转情况，进行付款审批。会计负责制作付款申请单，根据财务授权审批制度由相应级别的授权人员批准签字后对审批的付款申请进行付款。

员工在还款报销时应提供相应发票和报销申请单。会计审核后，出纳对相关费用进行报销。

2. 销售与收款流程访谈资料

角色:销售部经理

公司与客户签订销售合同或订单，由销售部与客户协商价格等条款，新客户需经销售部经理和总经理审批。合同或订单经过双方签章后生效。

公司对销售客户设置了一定的信用额度，由财务部会计袁丽丽负责将订单与信用额度进行比较，如果信用额度超出，则需要填制超出信用额度申请表，报销售部和总经理审批。

产品完工后按照订单的要求发货，货物出库由仓库管理员填制一式三联的出库单并签字，再交由装运人员，装运人员核对货物和出库单相符后签字。一联出库单由库管部留存，一联出库单由装运人员将其连同货物一起送交客户（即送货单），一联出库单交销售部。

装运人员将货物送达客户后，由对方客户在一式两联的送货单上签字，客户留存一联送货单，另一联送货单由装运人员签字后带回公司，交由销售部门。

角色：会计

会计根据订单、送货单开具销售发票，并由专人复核发票所开具的金额是否正确，是否与订单、送货单相符。

每月底，会计根据本月开具的发票明细汇总登记入账，确认收入，并结转成本。收入确认的原则是：本月所有经对方签收的货物在当月确认销售收入。

每月底，会计与主要销售客户进行对账，双方在应收账款对账单上签字。

每月底，会计根据应收账款余额的账龄，采用账龄百分比法，按照不同比例计提坏账准备，并编制坏账准备计提表（由会计袁丽丽编制），由财务经理张娟审核签字。不同账龄的应收账款，其坏账的计提比例如下：4个月以内（信用期内），不计提；4个月到1年，计提比例10%；1～2年，计提比例为30%；2～3年，计提比例50%；3年以上，计提比例100%。该政策与前一会计年度具有一贯性。

3. 采购与付款流程访谈资料

角色：采购部经理

公司供应商比较稳定，主要是宝钢、太钢和舞钢。如果公司有新的供应商，采购部需要进行询价，核查供应商的相关资质证明文件，并会同库管部、销售部、财务部一起确定供应商。

库管部提出采购申请，填制采购申请单，经库管部和采购部经理签字审批。

公司与供应商签订书面的采购合同或订单，由采购部与客户协商价格等条款，合同经过双方签章后生效。

角色：仓库管理员

采购的货物到达公司后，由库管部验收并填制入库单，并由采购人员和仓库管理员签字。

角色：会计

财务部会计根据采购订单、供应商开具的发票和入库单登记入账，确认采购。

4. 生产与存货流程访谈资料

角色：生产部经理

生产部根据销售部门传来的订单，编制生产通知单，上面列示所需原材料的种类型号等详细信息。

生产部根据生产通知单编制领料单，库管部根据领料单发出原材料，并由领料人和仓库管理员在领料单上签字。

生产部领用原材料后即可按照生产通知单上的具体要求进行生产。公司的生产工艺简单，生产部按照客户要求的尺寸将钢材切割下来即可完工。切割的实际数据由操作人员详细记录在生产通知单上。

产品生产完工后入库，仓库管理员根据实际数量、尺寸等签收，由生产人员和仓库管理员在产成品入库单上签字。

角色：会计

由于产成品成本的90%为材料成本，公司将每个完工产品对应的材料成本计入已该完工产品中，而对于直接人工和制造费用则简化核算，将本月发生的直接人工和制造费用直接计入主营业务成本，不在各产品之间进行分配。

会计将产品的材料成本计入生产成本，并于完工后转入库存商品，本月发生的所有制造费用和人工直接计入主营业务成本。

货物发出确认收入的当月确认结转成本。

了解被审计单位的内部控制审计工作底稿填写指导

三、审计工作底稿

（一）了解被审计单位的内部控制

货币资金流程和控制描述如表 6-2 所示。

表 6-2　　货币资金流程和控制描述　　索引号:C1

序号	流程和控制	记录对流程和控制的详细描述	控制频率	自动化控制或人工控制
1	资金流程人员构成，体现职责分工和授权审批			人工控制
2	印章和支票管理			人工控制
3	资金预算			人工控制
4	现金的管理			
4.1	现金盘点表			人工控制
4.2	现金收款			人工控制
5	银行账户管理			
5.1	开户和销户			人工控制
5.2	银行存款余额调节表			人工控制
6	银行借款			人工控制
7	银行收款			人工控制
8	资金支付管理			
8.1	付款			人工控制
8.2	费用报销			人工控制

货币资金流程穿行测试如表 6-3 所示。

表 6-3　　货币资金流程穿行测试　　索引号:C2

序号	执行的穿行测试程序	检查的证据	是否发现缺陷(是/否)	获取的文件
1	检查公司的内部控制文件《财务授权审批制度》	我们获得了公司制定并实际执行的《财务授权审批制度》。同时，我们在对资金支付进行抽查时(见表 6-2 中的 8.1 和 8.2)，会对该制度的执行情况进行检查	否	财务授权审批制度
2	检查公章的保管情况和支票簿的等级情况	我们检查了公司公章的保管与了解的内部制定一致，且观察了开出的支票都相关的签字盖章，并在支票簿中予以登记	否	

（续表）

序号	执行的穿行测试程序	检查的证据	是否发现缺陷(是/否)	获取的文件
3	检查公司资金预算的制定与执行情况	我们查看了公司2×22年度的资金预算	否	2×22年度的资金预算
4.1	随机从2×22年抽取1个月，检查现金盘点表的编制及审批流程	我们查看了2×22年12月的现金盘点表，具体检查证据如下： (1) 现金盘点表经盘点人签字，并且有财务经理复核签字 (2) 现金盘点表、现金明细账与录入财务系统的金额核对一致	否	现金盘点表
4.2	随机检查一笔现金收款记账凭证后附的相关支持性文件，确保收款金额与记账凭证一致，并且记账凭证有财务经理复核签字	我们检查了2×22年12月的一份现金收款凭证，具体检查证据如下： (1) 收款收据金额与记账凭证金额一致 (2) 记账凭证由财务经理复核审批 (3) 录入财务系统的信息与记账凭证一致	否	现金收款凭证、收据
5.1	客户本年并没有新开户和销户	本年无新开户销户	否	
5.2	随机从2×22年抽取1个月，检查银行存款余额调节表的编制及审批流程	我们查看了2×22年12月的银行存款余额调节表，具体检查证据如下： (1) 银行存款余额调节表由出纳编制，财务经理审批 (2) 银行存款余额调节表调节前金额与银行对账单金额核对一致 (3) 银行存款余额调节表编制的准确性 (4) 是否有3个月以上的长期未解决调解项 (5) 录入财务系统的信息与记账凭证一致	否	银行存款余额调节表
6	随机抽取一笔银行贷款合同，检查是否有公司及银行的签字盖章	我们检查了一份新增借款合同，有双方签字盖章，未发现异常	否	新增借款合同
7	随机检查一笔银行收款记账凭证后附的相关支持性文件，确保收款金额与记账凭证一致，并且记账凭证有财务经理复核签字	我们检查了2×22年12月一笔银行收款记账凭证，具体检查的证据如下： (1) 收款收据金额与记账凭证金额一致 (2) 记账凭证由财务经理复核审批	否	银行收款凭证
8.1	随机检查一笔银行付款记账凭证后附的相关支持性文件，确保付款的支付经过管理层的授权	我们检查了2×22年12月的一份银行付款凭证，具体检查的证据如下： (1)“付款申请单”经财务经理审批签字 (2) 记账凭证、付款申请单、银行付款凭证金额和相关信息核对一致 (3) 录入财务系统的信息与记账凭证一致	否	银行付款凭证
8.2	随机检查一笔费用报销记账凭证后附的相关支持性文件，确保费用报销的支付经过管理层的授权	我们检查了2×22年12月的一份现金付款凭证，具体检查的证据如下： (1)“报销申请单”经部门经理签字审批 (2) 记账凭证、报销申请单和相关信息核对一致	否	现金付款凭证

销售与收款流程和控制描述如表6-4所示。

表 6-4 **销售与收款流程和控制描述** 索引号:C3

序号	流程和控制	记录对流程和控制的详细描述	控制频率	自动化控制或人工控制
1	签订销售合同或订单		每日多次	人工控制
2	信用额度的审批		不定期	人工控制
3	货物出库		每日多次	人工控制
4	货物签收		每日多次	人工控制
5	开具发票		每日多次	人工控制
6	财务入账		每月多次	人工控制
7	应收账款对账		每月一次	人工控制
8	计提坏账准备		每月一次	人工控制
9	货款回收	收款流程参见货币资金流程	每日多次	人工控制

销售与收款流程穿行测试如表 6-5 所示。

表 6-5 **销售与收款流程穿行测试** 索引号:C4

序号	执行的穿行测试程序	检查的证据	是否发现缺陷(是/否)	获取的文件
1	检查销售合同、订单的签订是否有双方公司签字盖章	我们获得了2×22年10月与山东海琴电器公司签订的一份销售订单,其上有双方的签章	否	销售订单
2	检查信用额度的审批	我们检查了2×22年10月上述销售订单对应的超额信用审批表,该审批表列示了信用额度和此次订单金额,并有销售经理、总经理的审批签字	否	超额信用审批表
3	检查货物出库	我们检查了2×22年10月上述销售订单对应的产品出库单,该出库单有库管员和装运人员的签字	否	出库单
4	检查货物签收	我们检查了上述货物经对方签收后的送货单,该送货单有对方签收人员的签名	否	经签收的送货单
5	检查发票开具	我们检查了上述货物对应的销售发票,核对其与对应的合同、经签收的送货单内容相符	否	销售发票
6	检查财务入账	我们检查了上述销售业务对应的收入确认凭证(2×22年10月31日记账凭证第0010号),并查看了销售发票开票统计表,经核对本月开票总金额与入账金额一致	否	收入入账凭证
7	检查应收账款对账	我们检查了2×22年10月的一份对山东海琴电器公司的应收账款对账单,双方核对一致并盖章	否	应收账款对账单
8	检查坏账准备计提	我们检查了2×22年10月的坏账准备计提表,该表有财务经理审核签字	否	坏账准备计提表
9	检查货款的收回	参见货币资金流程对银行收款执行的穿行测试和控制测试程序	否	同左

采购与付款流程和控制描述如表 6-6 所示。

表 6-6　　采购与付款流程和控制描述　　索引号:C5

序号	子流程/交易	记录对控制活动及其目标的了解和评估	控制频率	自动化控制或人工控制
1	供应商的选择		不定期	人工控制
2	采购申请		每日一次	人工控制
3	签订采购合同或订单		每日一次	人工控制
4	货物入库		每日多次	人工控制
5	财务入账		每日多次	人工控制
6	付款	付款时提出付款申请,具体程序见货币资金流程	每月多次	人工控制

采购与付款流程穿行测试如表 6-7 所示。

表 6-7　　采购与付款流程穿行测试　　索引号:C6

序号	执行的穿行测试程序	检查的证据	是否发现缺陷(是/否)	获取的文件
1	供应商的选择	客户本年无供应商的变动	否	
2*	采购申请	我们检查了 2×22 年 10 月的一份对山东华盛公司的采购申请单,有库管部和采购经理签字审批	否	出库单
3*	签订采购合同或订单	我们检查了上述采购申请单对应的采购合同,合同有双方签字盖章	否	采购合同
4*	货物入库	我们检查了上述采购货物入库的入库单,有仓库管理员和采购人员签字	否	入库单
5*	财务入账	我们检查了上述货物采购对应的入账凭证(2×22 年 10 月 15 日记账凭证第 6 号),与采购发票、采购合同、入库单核对相符	否	入账凭证
6*	付款	参见货币资金流程对银行付款执行的穿行测试和控制测试程序	否	收入入账凭证

注:表 6-7 中,“*”代表关键控制点。

生产与存货流程和控制描述如表 6-8 所示。

表 6-8　　生产与存货流程和控制描述　　索引号:C7

序号	子流程/交易	记录对控制活动及其目标的了解和评估	控制频率	自动化控制或人工控制
1	下达生产通知		每日多次	人工控制
2	发出原材料		每日多次	人工控制
3	生产产品		每日多次	人工控制
4	核算产品成本		每日多次	人工控制
5	产成品入库		每日多次	人工控制
6	财务入账		每日多次	人工控制

生产与存货流程穿行测试如表 6-9 所示。

表 6-9　生产与存货流程穿行测试　索引号:C8

序号	执行的穿行测试程序	检查的证据	是否发现缺陷(是/否)	获取的文件
1	下达生产通知	我们检查了2×22年10月的一份生产通知单,该通知单由生产部经理签字,记录着详细的生产计划信息	否	生产通知单
2	发出原材料	我们检查了上述生产通知单对应的原材料领料单,该领料单有领料人和库管员签字	否	领料单
3	生产产品	我们检查了生产通知单上对生产过程和实际数据的记录	否	生产通知单
4	核算产品成本	我们检查了财务确认产品的生产成本的数据,与原材料领料单以及该材料发出单价数据核对一致	否	结转生产成本的入账凭证
5	产成品入库	我们检查了上述货物完工入库的入库单,该入库单有库管员和生产部门人员的签字	否	入库单
6	财务入账	我们查看了确认生产成本、完工转入库存商品、当月转入主营业务成本的记账凭证与产品生产通知单上记录的数据,以及核对领料单、入库单信息相符	否	结转库存商品、主营业务成本的入账凭证

(二) 控制测试

下面介绍现金盘点和银行付款的控制测试示例,其他控制测试示例略。

1. 现金盘点

检查项目:

A. 是否有盘点人签字。

B. 是否有财务主管签字。

现金盘点控制测试如表6-10所示。

表 6-10　现金盘点控制测试　索引号:C9

序号	日期	检查的文件	检查项目		是否异常
			A	B	
1	2×22年2月	现金盘点表	是	是	否
2	2×22年7月	现金盘点表	是	是	否
3	2×22年12月	现金盘点表	是	是	否

2. 银行付款

检查项目:

A. 付款申请单是否经财务经理审批签字。

B. 记账凭证、付款申请单、银行付款单据金额和相关信息核对一致。

银行付款控制测试如表6-11所示。

表 6-11　银行付款控制测试　索引号:C10

序号	日期	检查的文件	检查项目		是否异常
			A	B	
1	2×22/1/10	付款申请单、支票存根、记账凭证	是	是	否
2	2×22/2/20	付款申请单、支票存根、记账凭证	是	是	否

（续表）

序号	日期	检查的文件	检查项目		是否异常
			A	B	
3	2×22/4/8	付款申请单、支票存根、记账凭证	是	是	否
4	2×22/5/12	付款申请单、银行转账凭单、记账凭证	是	是	否
5	2×22/6/28	付款申请单、银行转账凭单、记账凭证	是	是	否
6	2×22/7/18	付款申请单、银行转账凭单、记账凭证	是	是	否
7	2×22/8/22	付款申请单、支票存根、记账凭证	是	是	否
8	2×22/9/3	付款申请单、支票存根、记账凭证	是	是	否
9	2×22/11/13	付款申请单、支票存根、记账凭证	是	是	否
10	2×22/12/7	付款申请单、银行转账凭单、记账凭证	是	是	否

任务 6.2　实施货币资金实质性程序

一、任务布置

【任务 6-2】　实施货币资金实质性程序并编制审计工作底稿

完成表 6-12 列示的需要执行的审计程序，并填写审计工作底稿索引号和完成人。

表 6-12　　**货币资金审计任务单**

需要执行的审计程序	审计工作底稿索引号	完成人
1. 获取科目余额表、现金日记账、银行存款日记账、资产负债表；将日记账、总账和报表数核对一致，并编制审计工作底稿——科目汇总表		
2. 执行库存现金监盘，并编制审计工作底稿——现金监盘表		
3. 获取银行对账单、银行存款余额调节表、调节项相关凭证；检查银行存款余额调节表，并编制审计工作底稿——银行存款明细表和余额调节表		
4. 执行银行函证程序；编制审计工作底稿——函证控制表；填写银行询证函		

二、背景资料

（一）关于现金监盘的说明

高质模具有限责任公司每天 17:30 下班，只在财务部存放现金。审计人员决定在 2×23 年 1 月 12 日 17:00 开始进行现金监盘。

1 月 12 日 17:00，1 名审计人员请公司的财务经理一同到出纳办公室参加盘点。首先，请出纳将桌上的现金放入保险柜，并将当天有关现金收支的全部单据登记入账，结出现金日记账现金余额 7 540.6 元；其次，在公司财务经理及审计人员的共同监督下，出纳打开保险柜，清点现金。现金清点结果如表 6-13 所示。

表 6-13　　**现金清点结果**　　金额单位：元

货币面额	张数	货币面额	张数	货币面额	张数
100	68	5	2	0.1	1
50	13	2		0.05	

（续表）

货币面额	张数	货币面额	张数	货币面额	张数
20		1		0.02	
10	8	0.5	1	0.01	

（二）关于银行函证的说明

高质模具有限责任公司开户的银行均在其所在城市，审计人员于2×23年1月12日由客户陪同去银行现场函证，并现场取回回函，回函均相符。

审计人员从客户处取得银行函证联系人等信息如表6-14所示。

表6-14　　银行函证联系方式

银行邮寄/联系地址	银行联系人	联系人电话	邮政编码	银行名称	备注
青岛市黄岛区青岛路45号	张涛	0532-85285381	266000	工商银行胶南青岛路支行	活期，无限制
青岛市市南区福州南路33号	田峰	0532-82859466	266000	交通银行青岛市南第一支行	活期，无限制

（三）关于银行余额调节项的说明

审计人员向被审计单位会计人员询问了2×22年12月31日银行余额调节项的内容和形成原因。会计人员解释：银收企未收的款项是2×22年第四季度的银行存款利息，银行已在12月支付该利息，但会计没有去银行取单据，所以没有做账；企付银未付的款项是一笔运输费，企业已经开出支票，但由于时间差，该款项尚未从银行划出。

三、审计工作底稿

操作视频

货币资金审计工作底稿填写指导

公司名称：高质模具有限责任公司

报表截止日：2×22/12/31

科目名称：货币资金

（一）科目汇总表

科目汇总表如表6-15所示。

表6-15　　科目汇总表　　索引号：B1

金额单位：元

科目名称	2×22/12/31			2×21/12/31	变动额	变动率
	账面余额	调整	审定金额	审定金额		
库存现金						
银行存款						
合计						

此2列数字与报表核对一致

※填写说明：

科目汇总表在每一个科目的审计工作底稿中都会作为第一张表出现，因此以下说明适用于所有科目。

（1）“账面余额”根据客户提供的科目余额表填写。

（2）“审定金额”=“账面余额”+“调整”。其中，调整是指审计发现被审计单位账面数据错误，为将其改正而调增或调减的金额。在初填此表时，调整金额还未确定，暂时不填，审定金额暂时等于账面余额；审计后如果有需调整事项，将调整金额填写到“调整”栏，审定金额随之变化，变动额和变动率也随之变化。

（3）“变动额”=2×22年“审定金额”-2×21年“审定金额”。“变动率”=“变动额”÷2×21年“审定金额”。计算变动额和变动率的目的是查看2年变动大小，初步分析变动是否合理。

（4）合计数应与报表中的对应项目核对一致。

(二) 现金监盘表

现金监盘表如表 6-16 所示。

表 6-16　　　　**现金监盘表**　　　　索引号:B2

单位:　　　　编制人:
项目:　　　　复核人:　　　　编制日期:
财务报表截止日期:　　　　盘点日期:　　　　复核日期:

<table>
<tr><th colspan="5">检查盘点记录</th><th colspan="5">实有现金盘点记录</th></tr>
<tr><th colspan="2" rowspan="2">项目</th><th rowspan="2">项次</th><th rowspan="2">人民币</th><th rowspan="2">美元</th><th rowspan="2">面额</th><th colspan="2">人民币</th><th colspan="2">美元</th></tr>
<tr><th>张(枚)数</th><th>金额</th><th>张(枚)数</th><th>金额</th></tr>
<tr><td colspan="2">一、盘点日账面库存余额</td><td>1</td><td></td><td></td><td>100 元</td><td></td><td></td><td></td><td></td></tr>
<tr><td colspan="2">加:盘点日未记账收入金额</td><td>2</td><td></td><td></td><td>50 元</td><td></td><td></td><td></td><td></td></tr>
<tr><td colspan="2">减:盘点日未记账支出金额</td><td>3</td><td></td><td></td><td>20 元</td><td></td><td></td><td></td><td></td></tr>
<tr><td colspan="2">盘点日账面应有金额</td><td>4=1+2−3</td><td></td><td></td><td>10 元</td><td></td><td></td><td></td><td></td></tr>
<tr><td colspan="2">二、盘点日实有现金数</td><td>5</td><td></td><td></td><td>5 元</td><td></td><td></td><td></td><td></td></tr>
<tr><td colspan="2">盘点日账面应有与实有差异</td><td>6=4−5</td><td></td><td></td><td>2 元</td><td></td><td></td><td></td><td></td></tr>
<tr><td rowspan="5">差异原因分析</td><td>白条抵库(张)</td><td></td><td></td><td></td><td>1 元</td><td></td><td></td><td></td><td></td></tr>
<tr><td></td><td></td><td></td><td></td><td>5 角</td><td></td><td></td><td></td><td></td></tr>
<tr><td></td><td></td><td></td><td></td><td>2 角</td><td></td><td></td><td></td><td></td></tr>
<tr><td></td><td></td><td></td><td></td><td>1 角</td><td></td><td></td><td></td><td></td></tr>
<tr><td></td><td></td><td></td><td></td><td>5 分</td><td></td><td></td><td></td><td></td></tr>
<tr><td rowspan="3">追溯调整</td><td>报表日至盘点日现金支出总额</td><td>7</td><td></td><td></td><td>2 分</td><td></td><td></td><td></td><td></td></tr>
<tr><td>报表日至盘点日现金收入总额</td><td>8</td><td></td><td></td><td>1 分</td><td></td><td></td><td></td><td></td></tr>
<tr><td>报表日库存现金实有余额</td><td>9=5+7−8</td><td></td><td></td><td>合计</td><td></td><td></td><td></td><td></td></tr>
<tr><td colspan="2">报表日库存现金账面余额</td><td>10</td><td></td><td></td><td></td><td></td><td></td><td></td><td></td></tr>
<tr><td colspan="2">报表日账面与实有差额</td><td>11=10−9</td><td></td><td></td><td></td><td></td><td></td><td></td><td></td></tr>
</table>

出纳:　　　　会计主管:　　　　监盘人:　　　　监盘日期:

(三) 银行存款明细和余额调节表

银行存款明细和余额调节表如表 6-17 所示。

表 6-17　　　　银行存款明细和余额调节表　　　　索引号:B3

单位:元

银行名称	银行账号	币种	2×22/12/31 账面余额	调节项				调节后金额	银行对账单余额	差额	银行对账单编号	银行询证函编号
				银收企未收(+)	银付企未付(−)	企收银未收(−)	企付银未付(+)					
合计												

此列数字与科目汇总表核对一致

检查调节项:

1. 调节项:______

此款项性质为:______

我们检查了:______

2. 调节项:______

此款项性质为:______

我们检查了:______

※填写说明:

(1) 按照银行账户分明细填写。

(2)“调节后金额”由“账面余额”加减调节项计算得出;“银行对账单余额”从客户提供资料——银行对账单里取数填写;“差额”填写“调节后金额”和“银行对账单余额”的差额,以核对两者是否一致。

(3)“银行对账单编号”和“银行询证函编号”是将银行对账单和银行询证函作为审计证据进行归档的文件编号,由审计人员自行编号,其中涉及银行询证函的业务见后面相关内容。

(4)“检查调节项”记录调节项的类型和金额,款项性质,审计人员检查的证据和结论。

(四) 函证控制表

函证控制表如表 6-18 所示。

表 6-18　　　　函证控制表　　　　索引号:B4

单位:元

银行名称	银行账号	函证金额	发出函证时间	是否回函	收回函证时间	回函方式(传真/原件)	回函金额	差异	银行询证函编号	银行联系地址	银行联系人	邮编	联系人电话

对发函过程的控制:

1. 我们对所有银行询证函均现场函证。询证函由审计员亲自交给银行联系人。审计人员查看了银行联系人的工作证件。

2. 银行核对询证函并盖章后,审计员现场取回询证函。

整个函证过程在审计人员的控制之下。

※填写说明:

(1) 按照银行账户分明细填写。

(2)“函证金额”按照银行对账单金额填写(不是账面金额)。

(3)“差异”为回函金额和函证金额的差异。

(4)“银行询证函编号”是作为审计证据进行归档的文件编号,由审计人员自行编号。

(5) 记录“对发函过程的控制”,本教材提供了样例,供参考。

（五）银行询证函

银行询证函的样例如下。

【样例】

银行询证函

索引号：B5

编号：

____________银行：

本公司聘请的恒信会计师事务所正在对本公司____年度财务报表进行审计，按照审计准则的要求，应当询证本公司与贵行的存款、借款往来等事项。下列数据出自本公司账簿记录，如与贵行记录相符，请在本函下端“信息证明无误”处签章证明；如有不符，请在“信息不符”处列明不符项目。如存在与本公司有关的未列入本函的其他项目，请在“信息不符”处列出这些项目的金额及详细资料。有关询证费用可直接从本公司存款账户中收取。回函请直接寄至恒信会计师事务所有限公司。

回函地址：山东省青岛市市南区徐州路52号1号楼302室，恒信会计师事务所

邮编：266000　联系人：________　电话：________　传真：________

截至______年____月____日，本公司银行存款、借款账户余额等列示如下。

1. 银行存款

账户名称	银行账号	币种	利率	余额	起止日期（活期/定期/保证金）	是否被抵押或质押或其他限制	备注

除以上所述，本公司并无其他在贵行的存款。

2. 银行借款

账户名称	币种	余额	借款日期	还款日期	利率	其他借款条件	抵(质)押品/担保人	备注

除以上所述，本公司并无其他自贵行的借款。

3. 截至函证日止的一个年度内已注销的账户。

账户名称	银行账号	币种	注销账户日

除以上所述，本公司并无其他截至函证日止的一个年度内已注销的账户。

4. 委托存款

账户名称	银行账号	借款方	币种	利率	余额	存款起止日期	备注

除以上所述，本公司并无其他通过贵行办理的委托存款。

5. 委托贷款

账户名称	银行账号	贷款方	币种	利率	余额	贷款起止日期	备注

除以上所述，本公司并无其他通过贵行办理的委托贷款。

6. 担保（如采用抵押或质押方式提供担保的，应在备注中说明抵押或质押物情况）

被担保人	担保方式	担保金额	担保期限	担保事由	备注

除以上所述，本公司并无其他向贵行提供的担保。

7. 尚未支付之银行承兑汇票

银行承兑汇票号码	票面金额	出票日	到期日

除以上所述，本公司并无其他由贵行承兑而尚未支付的银行承兑汇票。

8. 已贴现而尚未到期之商业汇票

商业汇票号码	付款人名称	承兑人名称	票面金额	票面利率	出票日	到期日	贴现日	贴现率

除以上所述，本公司并无其他向贵行已贴现而尚未到期之商业汇票。

9. 贵行托收的商业汇票

商业汇票号码	承兑人名称	票面金额	出票日	到期日

除以上所述，本公司并无其他由贵行托收的商业汇票。

10. 未完成之已开具而不能撤销信用证

信用证号码	受益人	信用证金额	到期日	未使用金额

除以上所述，本公司并无其他由贵行开具而不能撤销之信用证。

11. 未完成之外汇买卖合约

类别	合约号码	买卖币种	未履行之合约买卖金额	汇率	交收日期
银行卖予公司					
公司卖予银行					

除以上所述，本公司并无其他与贵行未完成之外汇买卖合约。

12. 存放于银行之有价证券或其他产权文件

有价证券或其他产权文件名称	产权文件编号	数量	金额

除以上所述，本公司并无其他存放贵行之有价证券或其他产权文件。

13. 其他事项（如信托存款、银行提供的担保等，若无除前面所述外的其他事项，则应填写"无"）

（公司名称）
（公司盖章）
年　月　日
经办人：

以下仅供被函证银行使用。

结论：

1. 信息证明无误

（银行盖章）
年　月　日
经办人：

2. 信息不符，请列明不符金额及具体内容（其他未在本函列出的项目，请列出金额及其详细资料）

（银行盖章）
年　月　日
经办人：

任务 6.3　实施短期借款实质性程序

一、任务布置

【任务 6-3】　实施短期借款实质性程序并编制审计工作底稿

完成表 6-19 列示的需要执行的审计程序，并填写审计工作底稿索引号和完成人。

表 6-19　　**短期借款审计任务单**

需要执行的审计程序	审计工作底稿索引号	完成人
1. 获取短期借款明细账，将明细账、总账和报表数核对一致，并编制审计工作底稿——科目汇总表		
2. 获取借款合同、借款相关凭证，检查短期借款的本年变动，并编制审计工作底稿——明细变动表、检查本年变动		
3. 测算借款利息，并编制审计工作底稿——利息测算		

二、背景资料

本任务的背景资料见本项目末所附的“实训附列资料”中“四、客户提供资料”。

三、审计工作底稿

短期借款审计工作底稿填写指导

公司名称：高质模具有限责任公司

报表截止日：2×22/12/31

科目名称：短期借款

（一）科目汇总表

科目汇总表如表 6-20 所示。

表 6-20　　**科目汇总表**　　索引号：L1

金额单位：元

科目名称	2×22/12/31			2×21/12/31	变动额	变动率
	账面余额	调整	审定金额	审定金额		
短期借款						

此2列数字与报表核对一致

（二）检查本年变动

明细变动表如表 6-21 所示。

表 6-21　　**明细变动表**　　索引号：L2-1

单位：元

借款银行名称	币种	期初余额	本期增加	本期减少	期末余额
合计					

此列数字与科目汇总表核对一致

※填写说明：

明细变动表按照不同借款合同，每笔借款分别填列。

检查本年变动如表 6-22 所示。

表 6-22　　检查本年变动　　索引号:L2-2
单位:元

短期借款本年变动	凭证日期	凭证号码	摘要	借方金额	贷方金额	检查的凭证资料	是否异常
本年增加						交通银行借款凭证、借款合同	否
本年减少						交通银行还款凭证	否

(三) 利息测算

利息测算如表 6-23 所示。

表 6-23　　利息测算　　索引号 L3
金额单位:元

借款合同编号	银行名称	币种	账面余额	本金	利率	借款日期	到期日期	借款条件(抵押、质押、信用、担保)	本年计息天数(天)	利息测算金额	财务费用——利息支出账面金额	差异
合计												

※填写说明:

(1) 利息测算按照不同借款合同,每笔借款分别填列。其中,"本年计息天数"列需计算出借款在全年覆盖的天数;"利息测算金额"列应根据本金、利率、本年计息天数计算得出;"财务费用——利息支出账面金额"列只在"合计"栏填写总金额即可,并与审计人员测算的利息金额进行比较,计算出"差异"栏数值。

(2) 利息测算的差异如果超过重要性水平,则需查明原因,并确定是否出具审计调整。

任务 6.4　实施应付职工薪酬实质性程序

一、任务布置

【任务 6-4】　实施应付职工薪酬实质性程序并编制审计工作底稿

完成表 6-24 列示的需要执行的审计程序,并填写审计工作底稿索引号和完成人。

表 6-24　　应付职工薪酬审计任务单

需要执行的审计程序	审计工作底稿索引号	完成人
1. 获取应付职工薪酬明细账;将明细账、总账和报表数核对一致;编制审计工作底稿——科目汇总表、明细变动表		
2. 了解被审计单位职工薪酬相关会计政策,并记录在审计工作底稿中		
3. 获取应付职工薪酬计提和支付的相关凭证;检查应付职工薪酬本年计提和支付,抽查计提金额最大的 2 个月的记账凭证和原始凭证,抽查支付金额最大的 2 个月的记账凭证和原始凭证;编制审计工作底稿——计提抽凭、支付抽凭		
4. 获取应付职工薪酬明细账(2×23 年 1 月)、年底奖金期后发放相关凭证;检查 2×22 年 12 月计提的工资奖金在期后发放的凭证,将期后发放金额与 12 月计提金额核对,检查是否有重大差异;编制审计工作底稿——检查期后发放凭证		

（续表）

需要执行的审计程序	审计工作底稿索引号	完成人
5. 测算社保的计提金额，将测算数与账面数核算，检查是否有重大差异；编制审计工作底稿——社保测算		
6. 比较各月工资总额、人数、平均工资的变动情况，询问管理层变动原因，并检查关于员工工资标准的相关文件；编制审计工作底稿——工资月度分析		
7. 将“应付职工薪酬”账户贷方的本期计提数与“生产成本”“制造费用”“管理费用”“销售费用”账户借方记录的人工费用相比较，检查所计提职工薪酬是否已全部分摊入本期产品成本或费用；若两者存在差异，应追查原因；编制审计工作底稿——勾稽关系核对		

二、背景资料

对被审计单位职工薪酬相关会计政策的了解如下：

经审计人员了解，高质模具有限责任公司每月底计提当月工资，并于下月发放。社保、工会经费和职工教育经费根据每月实际缴纳金额计提。“应付职工薪酬”账户年末余额表示12月已计提尚未发放的工资，以及12月计提的全年奖金。

三、审计工作底稿

应付职工薪酬审计工作底稿填写指导

公司名称：高质模具有限责任公司

报表截止日：2×22/12/31

科目名称：应付职工薪酬

(一) 科目汇总表

科目汇总表见表6-25。

表6-25　　科目汇总表

索引号：P1

金额单位：元

科目名称	2×22/12/31			2×21/12/31	变动额	变动率
	账面余额	调整	审定金额	审定金额		
应付职工薪酬						

此2列数字与报表核对一致

(二) 明细变动表

明细变动表见表6-26。

表6-26　　明细变动表

索引号：P2

单位：元

科目	2×21/12/31 账面余额	本期计提	本期支付	2×22/12/31 账面余额
应付职工薪酬——工资				
应付职工薪酬——社保				
应付职工薪酬——工会经费及职工教育经费				
合　计				

客户计提职工薪酬的方法：(对被审计单位计提、支付职工薪酬的会计政策进行了解，并记录于此)

____

____

(三) 计提抽凭和支付抽凭

检查项目：

A. 入账凭证是否与原始凭证相符。

B. 工资计算表是否由授权人员签字审批。

我们通过查看应付职工薪酬明细账，抽查金额较大的 12 月、10 月的计提凭证，计提抽凭的结果见表 6-27。

表 6-27　　**计提抽凭**　　索引号：P3-1

序号	凭证日期	凭证号	摘要	金额(元)	检查的原始凭证	检查项目	
						A	B
1					工资计算表、工会经费计提表、社保计提表	是	是
2					工资计算表、工会经费计提表、社保计提表	是	是

我们通过查看应付职工薪酬明细账，抽查金额较大的 1 月、11 月的工资，以及社保的支付凭证，支付抽凭的结果见表 6-28。

表 6-28　　**支付抽凭**　　索引号：P3-2

序号	凭证日期	凭证号	摘要	金额(元)	检查的原始凭证	检查项目	
						A	B
1					银行代发工资回执	是	是
2					社保缴费单据	是	是
3					银行代发工资回执	是	是
4					社保缴费单据	是	是

(四) 检查期后发放凭证

我们通过查看应付职工薪酬明细账，检查 2×23 年 1 月发放 2×22 年 12 月工资奖金的相关凭证，2×23 年 1 月实发数和 2×22 年 12 月计提数差异很小，没有发现多提或少提工资费用的情况。具体检查期后发放凭证见表 6-29。

表 6-29　　**检查期后发放凭证**　　索引号：P4

序号	凭证日期	凭证号	摘要	金额	检查的原始凭证	检查项目	
						A	B
1					银行代发工资回执	是	是
			2×22 年 12 月计提				
			差异				

(五) 社保测算

我们通过查看 2×22 年的工作底稿，2×22 年全年工资总额为 2 027 862 元，经查询社保部门规定的计提比例如表 6-31 所示。我们用 2×22 年全年工资总额乘以计提比例，与公司账面计提数进行比较，未发现重大异常。具体社保测算见表 6-30。

表 6-30　　社保测算　　索引号：P5
金额单位：元

社保	计提比例	缴费基数	测算数
养老保险	16%		
医疗保险	8%		
失业保险	0.7%		
工伤保险	0.18%		
住房公积金	8%		
合计			
账面计提数			
差异			

此行数字应与“应付职工薪酬——社保”账户贷方发生额一致

(六) 工资月度分析

工资月度分析见表 6-31。

表 6-31　　工资月度分析　　索引号：P6
金额单位：元

月份	本年支付工资	人数(人)	平均工资	注释
1 月		27		①
2 月		27		
3 月		27		
4 月		27		
5 月		27		
6 月		27		
7 月		30		②
8 月		30		
9 月		30		
10 月		30		③
11 月		30		④
12 月		30		
合计				

注释：①1 月发放的工资中包括上年的年终奖金，因此公司的平均工资较高。我们查看了该月的工资计算表，没有发现异常。②6 月公司新招聘入职 3 名车间工人，其工资于 7 月发放，因新入职的工人工资较低，导致公司平均工资下降。我们查看了该月工资计算表，没有发现异常。③9 月公司开始调整工资，调增后的工资于 10 月发放。工资调增后，公司的工资水平普遍上调，导致最后 3 个月的平均工资明显增加。我们查看了公司调整工资的文件和 9 月的工资计算表，没有发现异常。④11 月公司发放取暖补贴，导致平均工资继续增加。我们查看了该月工资计算表，没有发现异常。

※填写说明：

(1) “工资月度分析”中的人数已通过询问客户人力资源部得到，并已填入表中；“本年支付工资”根据应付职工薪酬明细账中每月发放工资的数据填写；“平均工资”需计算得出。

(2) 对于工资波动较大的月份，可以通过询问管理层并查看相关文件证据等进行分析。该实训已给出分析，仅供参考。

（七）勾稽关系核对

勾稽关系核对见表 6-32。

表 6-32　　勾稽关系核对　　索引号：P7

项目	账面金额（元）	
生产成本——人工		此行数字与生产成本明细表一致
管理费用——人工		此行数字与管理费用明细表一致
销售费用——人工		此行数字与销售费用明细表核对一致
合计		
应付职工薪酬计提数		此行数字与“应付职工薪酬”账户贷方发生额一致
差异		

※填写说明：

（1）“勾稽关系核对”是将计入成本费用的人工（包括工资、社保、工会经费）与“应付职工薪酬”账户的贷方发生额进行勾稽核对，如差异超过重要性水平，则需查明原因，并确定是否出具审计调整。

（2）注意审计工作底稿之间数据的一致性。表 6-32 中，成本费用类科目中的“人工”数据应与成本费用类科目审计工作底稿中记录的数据一致。

任务 6.5　实施管理费用、销售费用实质性程序

一、任务布置

【任务 6-5】　实施管理费用、销售费用实质性程序并编制审计工作底稿

完成表 6-33 列示的需要执行的审计程序，并填写审计工作底稿索引号和完成人。

表 6-33　　管理费用、销售费用审计任务单

需要执行的审计程序	审计工作底稿索引号	完成人
1. 获取管理费用、销售费用明细账；将明细账、总账和报表数核对一致；编制审计工作底稿——科目汇总表		
2. 分析管理费用、销售费用各明细项目占比、变动等情况，抽查原始凭证；编制审计工作底稿——管理费用明细表、销售费用明细表、运输费分析表、管理费用抽凭测试表		
3. 执行截止性测试；编制审计工作底稿——截止性测试		

二、背景资料

本任务的背景资料见本项目末所附的“实训附列资料”中“四、客户提供资料”。

操作视频

管理费用、销售费用审计工作底稿填写指导

三、审计工作底稿

公司名称：高质模具有限责任公司

报表期间：2×22 年 1～12 月

科目名称：管理费用、销售费用

(一) 科目汇总表

科目汇总表见表 6-34。

表 6-34　　**科目汇总表**　　索引号:E1
金额单位:元

科目名称	2×22 年			2×21 年	变动额	变动率
	账面金额	调整	审定金额	审定金额		
管理费用						
销售费用						

此2列数字与报表核对一致

(二) 管理费用明细表

管理费用明细表见表 6-35。

表 6-35　　**管理费用明细表**　　索引号:E2
金额单位:元

项目	2×22 年	2×21 年	变动金额	变动率	各项目占比	注释
工资		835 529.00				①
社保		249 053.23				①
福利费		8 954.56				①
工会经费		16 710.58				①
招待费		78 728.09				
办公费		106 326.67				
水电费		84 069.04				
差旅费		44 683.61				
通信费		12 729.83				
培训费		8 100.00				
审计费		74 500.00				②
折旧费		70 156.93				③
其他管理费用		66 206.38				
合计		1 655 747.92				

此2列数字与科目汇总表核对一致

※填写说明:
(1)"管理费用明细表"中,2×21 年数字为 2×20 年审计工作底稿中记录的数字;其他项目需填写或计算完成。
(2)管理费用中主要项目占比情况需要做出简单分析。
(3)对管理费用各明细项目的审计已在审计工作底稿中记录完成,供参考。

1. 管理费用中主要项目占比情况:(将占比情况分析记录在此)

2. 注释:①人工费用的具体审计程序见应付职工薪酬工作底稿。②我们查看了审计业务约定书,该约定书规定的 2×22 年审计费为 75 000 元,未见异常。③折旧费的具体审计程序见固定资产的相关审计工作底稿。

除上述人工成本、审计费、折旧费外,其他管理费用如办公费、水电费都有所下降,由于经济不景气,公司厉行节约,加强各项费用的控制,办公费、水电费、招待费、差旅费等支出都有所减少。对于这些其他管理费用,我们执行抽凭测试,测试结果如表 6-36 所示。其中,我们运用审计抽样方法计算样本(具体过程略),假设计算出需抽取样本数量为 5,我们从管理费用明细账中随机选取样本,检查其对应的原始凭证。

检查项目:

A. 原始凭证是否齐全。

B. 记账凭证与原始凭证的金额、时间等信息是否相符。

C. 账务处理是否正确。

表 6-36　其他管理费用抽凭测试表

凭证日期	凭证号	摘要	金额(元)	查看的凭证	检查项目		
					A	B	C
2×22/2/20	记账凭证第 5 号	报销餐费	1 200.00	发票、费用报销单	是	是	是
2×22/6/25	记账凭证第 7 号	报销差旅费	5 480.00	发票、费用报销单	是	是	是
2×22/9/15	记账凭证第 3 号	报销会议费用	13 500.00	发票、费用报销单、银行转账凭证	是	是	是
2×22/11/10	记账凭证第 3 号	支付电费	7 021.60	发票、银行转账凭证	是	是	是
2×22/12/6	记账凭证第 2 号	购买办公用品	1 280.00	发票、支票存根、费用报销单	是	是	是

(三) 销售费用明细表

销售费用明细表见表 6-37。

表 6-37　销售费用明细表　　索引号:E3-1

项目	2×22 年	2×21 年	变动金额(元)	变动率	各项目占比	注释
工资		354 245.00				①
社保		105 592.68				①
工会经费		7 084.90				①
运输费		426 465.02				②
折旧费		23 595.15				③
合计		916 982.75				

1. 销售费用中主要项目占比情况:(将占比情况分析记录在此)

____

____

2. 注释:①人工费用的具体审计程序见应付职工薪酬的相关审计工作底稿。②运输费随销售收入的下降而下降,2 年运输费占销售收入的比重变化不大。运输费分析表见表 6-38。

③折旧费的具体审计程序见固定资产的相关审计工作底稿。

表 6-38　　运输费分析表　　索引号:E3-2

金额单位:元

项目	2×22 年	2×21 年
运输费		
主营业务收入		
占收入比重		

我们对运输费执行抽凭测试,测试结果如表 6-39 所示。其中,我们采用非统计抽样方法来计算样本,假设计算出需抽取样本数量为 3(具体计算略)。

表 6-39　　管理费用抽凭测试表　　索引号:E3-3

<table>
<tr><th rowspan="2">序号</th><th rowspan="2">凭证日期</th><th rowspan="2">凭证号</th><th rowspan="2">摘要</th><th rowspan="2">金额(元)</th><th rowspan="2">查看的凭证</th><th colspan="3">抽查项目</th></tr>
<tr><th>A</th><th>B</th><th>C</th></tr>
<tr><td>1</td><td>2×21/11/3</td><td>记账凭证第 1 号</td><td>支付运费</td><td>31 000</td><td>发票、支票存根</td><td>是</td><td>是</td><td>是</td></tr>
<tr><td>2</td><td>2×21/8/26</td><td>记账凭证第 9 号</td><td>支付运费</td><td>8 300</td><td>发票、支票存根</td><td>是</td><td>是</td><td>是</td></tr>
<tr><td>3</td><td>2×21/4/20</td><td>记账凭证第 7 号</td><td>支付运费</td><td>12 000</td><td>发票、支票存根</td><td>是</td><td>是</td><td>是</td></tr>
</table>

(四) 截止性测试

我们查看了 2×22 年 12 月和 2×23 年 1 月管理费用、销售费用原始单据和入账凭证,检查原始单据上的业务发生日期与入账日期是否在同一会计期间,并分别编制管理费用和销售费用的截止性测试表,如表 6-40 和表 6-41 所示。

表 6-40　　管理费用截止性测试表　　索引号:E4-1

<table>
<tr><th>时间</th><th>序号</th><th>凭证日期</th><th>凭证号</th><th>摘要</th><th>金额(元)</th><th>查看的原始凭证</th><th>是否跨期</th></tr>
<tr><td rowspan="2">2×22 年 12 月</td><td>1</td><td></td><td></td><td></td><td></td><td>电费发票、支票</td><td>否</td></tr>
<tr><td>2</td><td></td><td></td><td></td><td></td><td>办公用品明细、发票、支票</td><td>否</td></tr>
<tr><td rowspan="2">2×23 年 1 月</td><td>1</td><td></td><td></td><td></td><td></td><td>电费发票、支票</td><td>否</td></tr>
<tr><td>2</td><td></td><td></td><td></td><td></td><td></td><td></td></tr>
</table>

注释:客户每月 5 日缴纳上月 5 日至本月 5 日期间的电费,因此存在跨期问题,但每月电费都在 3 万元左右,跨期影响的金额很小,因此不做调整。

表 6-41　　销售费用截止性测试表　　索引号:E4-2

<table>
<tr><th>时间</th><th>序号</th><th>凭证日期</th><th>凭证号</th><th>摘要</th><th>金额(元)</th><th>查看的原始凭证</th><th>是否跨期</th></tr>
<tr><td rowspan="2">2×22 年 12 月</td><td>1</td><td></td><td></td><td></td><td></td><td>支票、运费发票</td><td>否</td></tr>
<tr><td>2</td><td></td><td></td><td></td><td></td><td></td><td></td></tr>
<tr><td rowspan="2">2×23 年 1 月</td><td>1</td><td></td><td></td><td></td><td></td><td>支票、运费发票</td><td>否</td></tr>
<tr><td>2</td><td></td><td></td><td></td><td></td><td></td><td></td></tr>
</table>

任务 6.6 实施应收账款实质性程序

一、任务布置

【任务 6-6】 实施应收账款实质性程序并编制审计工作底稿

完成表 6-42 列示的需要执行的审计程序，并填写审计工作底稿索引号和完成人。

表 6-42 **应收账款审计任务单**

需要执行的审计程序	审计工作底稿索引号	完成人
1. 将明细账、总账和报表数核对一致；编制审计工作底稿——科目汇总表、账龄明细表		
2. 执行应收账款函证程序；编制审计工作底稿——函证控制表；填写企业询证函；对未回函应收账款执行替代测试		
3. 执行账龄测试，编制审计工作底稿——账龄测试		
4. 检查坏账准备计提的适当性，编制审计工作底稿——坏账准备变动表、坏账准备测试表		
5. 执行实质性分析程序，分析应收账款周转率和周转天数，编制审计工作底稿——应收账款周转率分析表		

二、背景资料

本任务背景资料见本项目末所附的“实训附列资料”中“四、客户提供资料”。

三、审计工作底稿

应收账款审计工作底稿填写指导

公司名称：高质模具有限责任公司

报表期间：2×22/12/31

科目名称：应收账款

(一) 科目汇总表

科目汇总表见表 6-43。

表 6-43 **科目汇总表** 索引号：R1

金额单位：元

科目名称	2×22/12/31			2×21/12/31	变动额	变动率
	账面余额	调整	审定金额	审定金额		
应收账款						
坏账准备						
应收账款净值						

此2列数字与报表核对一致

(二) 账龄明细表

账龄明细表见表 6-44。

表 6-44 **账龄明细表** 索引号:R2

金额单位:元

序号	对方客户名称	2×22 年 12 月 31 日余额	账龄				
			0～4 个月	4 个月～1 年	1～2 年	2～3 年	3 年以上
1							
2							
3							
4							
5							
6							
7							
8							
9							
合计							

此列数字与科目汇总表核对一致

调整分录见表 6-45。

表 6-45 **调整分录** 单位:元

科目	借方金额	贷方金额

(三) 函证控制表

1. 函证对象的选择

我们选取应收账款期末余额最大的 5 家客户进行函证(剩余未发函金额小于执行的重要性水平),并同时函证其交易额;选取余额较小但交易额较大的客户——青岛兴隆电子公司进行函证。

2. 函证控制表的填制

函证控制表见表 6-46。其中,“回函余额”栏填写含税金额,“回函交易额”栏填写不含税金额。

3. 对函证过程的控制

(1) 询证函由审计人员亲自寄出。

(2) 我们查看了所有回函,均由函证对方单位直接寄到会计师事务所。

整个函证过程处在审计人员的控制之下。

4. 函证差异分析

(1) 青岛兴隆电子公司回函余额差异和交易额差异,经与对方核对发货清单,是由于高质模具有限责任公司于 2×22 年 12 月 31 日向其发出一批钢材,已由对方签收,但尚未开具发

表 6-46

函证控制表

索引号：R3
金额单 位：元

序号	客户名称	函证应收账款余额	函证主营业务收入金额	发出函证时间	是否回函	收回函证时间	回函方式	回函余额	回函交易额	余额差异	交易额差异	询证函编号	联系地址	联系人	邮政编码	联系人电话
1	青岛兴隆电子公司			2×23/1/14	是	2×23/1/23	原件	285 000	3 341 802.65			应收-01	青岛城阳惜福镇工业园	王宇峰	266000	0532-82859466
2	上海鸿达金属模具材料有限公司			2×23/1/14	否							应收-02	上海延安中路380号702室	郑田	200040	021-64652324
3	山东海琴电器集团有限公司			2×23/1/14	是	2×23/2/3	原件	2 288 550	6 553 760.17			应收-03	青岛崂山区劲松9路106号	江国庆	266000	0532-80975600
4	山东华盛机械有限公司			2×23/1/14	是	2×23/2/20	原件	621 640	5 650 000.00			应收-04	山东潍坊滨海经济开发区东方路26号	周倩	261000	0536-5587190
5	上海富元金属公司			2×23/1/14	是	2×23/2/10	原件	156 682	1 902 160.73			应收-05	上海浦东新区世纪大道200号3509室	刘锦华	201200	021-38221017
6	青岛信源模具公司			2×23/1/14	是	2×23/1/28	原件	−103 311	1 863 331.96			应收-06	青岛即墨区鹤山路658号	陈文通	266000	0532-85065366
发函金额合计																
账面余额																
剩余未发函金额																

（剩余未发函金额——此行数字小于执行重要性水平）

※填写说明：

（1）本底稿已经编写完成部分内容，包括函证对象的选择、收发函证的部分情况、对函证过程的控制、函证差异分析等。

（2）“函证控制表”中尚需填写的内容包括：①“函证应收账款余额”和“函证主营业务收入金额”。②“余额差异”和“交易额差异”，根据回函金额和发函金额的差异计算得出。

票，高质模具有限责任公司尚未记账，但青岛兴隆电子公司已暂估入账。我们查看了2×22年12月31日的发货单，已由对方签收。

调整分录如表6-47所示。

表6-47　　　　调整分录　　　　单位：元

科目	借方金额	贷方金额

（2）山东海琴电器公司回函余额差异和交易额差异，经与对方核对发票清单，是由于高质模具有限责任公司于2×22年12月30日向其发出一批钢材，已由对方签收，高质模具有限责任公司做销售处理，但对方未入账导致。我们查看了2×22年12月31日记账凭证第20号，以及对应的销售发票、送货单等原始凭证，发票金额不含税为77 654.87元，含税为87 750元，未发现异常。

5. 对未回函的替代测试

对未回函的上海鸿达金属模具材料有限公司，我们查看了其全年交易的记账凭证、送货单、发票等原始凭证，未发现异常。

检查项目：

A. 原始凭证是否齐全(是否有发票、银行进账单等)。

B. 记账凭证与原始凭证的金额、时间等信息是否相符。

C. 账务处理是否正确。

替代测试如表6-48所示。

表6-48　　　　替代测试

<table>
<tr><td>客户名称</td><td>上海鸿达金属模具材料有限公司</td></tr>
<tr><td>期初余额</td><td>522 340</td></tr>
</table>

金额单位：元

<table>
<tr><td rowspan="6">本期发生额</td><td rowspan="2">借方发生额</td><td rowspan="2">贷方发生额</td><td rowspan="2">凭证日期</td><td rowspan="2">凭证号</td><td rowspan="2">业务内容</td><td rowspan="2">检查的原始凭证</td><td colspan="3">检查项目</td></tr>
<tr><td>A</td><td>B</td><td>C</td></tr>
<tr><td></td><td></td><td></td><td></td><td></td><td>发票、发货单</td><td>是</td><td>是</td><td>是</td></tr>
<tr><td></td><td></td><td></td><td></td><td></td><td>银行进账单</td><td>是</td><td>是</td><td>是</td></tr>
<tr><td></td><td></td><td></td><td></td><td></td><td>发票、发货单</td><td>是</td><td>是</td><td>是</td></tr>
<tr><td></td><td></td><td></td><td></td><td></td><td>银行进账单</td><td>是</td><td>是</td><td>是</td></tr>
<tr><td>合计</td><td></td><td></td></tr>
<tr><td>已测试余额</td><td></td></tr>
<tr><td>账面余额</td><td></td></tr>
</table>

此行数字填写期初余额加上本年借方发生额，再减去本年贷方发生额后的余额

(四) 企业询证函

企业询证函的样例如下。

【样例】

索引号:R4

企业询证函

编号:

________________公司:

本公司聘请的恒信会计师事务所正在对本公司____年度财务报表进行审计,按照审计准则的要求,应当询证本公司与贵公司的往来账项等事项。下列数据均出自本公司账簿记录,如与贵公司记录相符,请在本函下端"信息证明无误"处签章证明;如有不符,请在"信息不符"处列明不符金额。回函请直接寄至恒信会计师事务所有限公司。

通信地址:山东省青岛市市南区徐州路 52 号 1 号楼 302 室　恒信会计师事务所

联系人:________　　邮编:266071

电话:________　　传真:________

1. 本公司与贵公司的往来账项列示如下(单位:人民币):

询证截止日期	贵公司欠	欠贵公司	备注

2. 本公司与贵公司的往来交易列示如下:

询证涵盖期间	本公司向贵公司提供商品(或服务)	贵公司向本公司提供商品(或服务)	备注

3. 其他事项

本函仅为复核账目之用,并非催款结算。若款项在上述截止日期之后已经付清,仍请及时函复为盼。

(公司盖章)

年　月　日

结论:1. 信息证明无误　　2. 信息不符(以下为不符的详细情况)

(公司盖章)　　(公司盖章)

年　月　日　　年　月　日

经办人:　　经办人:

(五) 账龄测试

1. 测试样本选择

按照审计抽样方法选择三个客户进行账龄测试,见表 6-49(抽样过程略)。

表 6-49　　　　账龄测试　　　　索引号:R5

公司名称		借方发生额(元)	业务发生日期	测试账龄(天)	是否与账龄明细表一致	检查的原始凭证	记账日期	凭证号
上海鸿达金属模具材料有限公司	1		2×22/10/18			发票、发货单		
	2							
	3							
	合计							
	2×22 年 12 月 31 日账面余额							
山东海琴电器集团有限公司	1		2×22/12/10			发票、发货单		
	2		2×22/12/30			发票、发货单		
	3		2×22/11/15			发票、发货单		
	合计							
	2×22 年 12 月 31 日账面余额							
山东华盛机械有限公司	1		2×22//8/22			发票、发货单		
	2							
	3							
	合计							
	2×22 年 12 月 31 日账面余额							

2. 测试方法

经与审计客户了解,对债务单位存在多笔应收账款且各笔应收账款账龄不同的情况下,收到债务单位当期偿还的部分债务,无法逐笔认定收到的是哪一笔应收账款,因此按照"先发生先收回"的原则确定,我们评估其方法合理。具体方法如下:每个客户从最后一笔应收账款借方发生额开始往前推,顺次查看每笔应收账款发生额直至发生的金额能够涵盖期末余额,并检查原始凭证上的业务发生日期,从业务发生日期到资产负债表日的时间长度即为账龄,将测试出的账龄与客户提供的账龄明细表核对是否一致。

(六) 坏账准备测试

坏账准备变动表见表 6-50。

表 6-50　　　　坏账准备变动表　　　　索引号:R6-1

单位:元

2×21/12/31	本期发生额				2×22/12/31
坏账准备账面余额	本期计提	本期转回	本期核销	本期冲回	坏账准备账面余额

此2列数字与科目汇总表核对一致

首先,经询问客户并查看其坏账准备计提表,我们了解到其使用账龄分析法计提坏账准备,具体见表 6-51。其次,经与客户了解并查看销售合同,应收账款信用期为 4 个月,因此 4 个月以内不计提坏账,4 个月以上按照预计的收回风险设置不同的计提比例,我们评估其坏账政策是合理的。

坏账准备测试表如表 6-51 所示。

表 6-51　　**坏账准备测试表**　　索引号:R6-2

金额单位:元

应收账款账龄	计提比例	期末余额	测试坏账准备
0～4 个月	0		
4 个月～1 年	10%		
1～2 年	30%		
2～3 年	50%		
3 年以上	100%		
		合计	
		账面坏账准备	
		差异	

未更正错报见表 6-52。

表 6-52　　**未更正错报**　　单位:元

科目	借方金额	贷方金额

(七) 应收账款周转率分析

应收账款周转率分析表见表 6-53。

表 6-53　　**应收账款周转率分析表**　　金额单位:元

项目	2×21 年	2×22 年
应收账款期初余额	5 041 690.50	
应收账款期末余额		
应收账款平均余额		
主营业务收入		
应收账款周转率(次)		
应收账款周转天数(天)		

分析:____

____

任务6.7 实施固定资产实质性程序

一、任务布置

【任务6-7】 实施固定资产实质性程序并编制审计工作底稿

完成表6-54列示的需要执行的审计程序，并填写审计工作底稿索引号和完成人。

表6-54 **固定资产审计任务单**

需要执行的审计程序	审计工作底稿索引号	完成人
1. 将明细账、总账和报表数核对一致；编制审计工作底稿——科目汇总表		
2. 测试折旧计提是否恰当；编制审计工作底稿——测试折旧表		
3. 检查本期固定资产增加、减少的记账凭证和原始凭证；编制审计工作底稿——固定资产变动表、本年固定资产增加测试表		
4. 检查累计折旧的本期计提与“生产成本”“制造费用”“管理费用”“销售费用”账户所属明细账户记录的折旧费用是否一致；编制审计工作底稿——勾稽关系核对		

二、背景资料

本任务背景资料见本项目末所附的“实训附列资料”中“四、客户提供资料”。

三、审计工作底稿

固定资产审计工作底稿填写指导

公司名称：高质模具有限责任公司

报表截止日：2×22/12/31

科目名称：固定资产

(一) 科目汇总表

科目汇总表见表6-55。

表6-55 **科目汇总表** 索引号：F1

金额单位：元

科目名称	2×22/12/31			2×21/12/31	变动额	变动率
	账面余额	调整	审定金额	审定金额		
固定资产原值						
累计折旧						
固定资产净值						

此2列数字与报表核对一致

(二) 测试折旧计提

(1) 通过与询问客户并查看其折旧计提表，我们了解到客户采用直线法计提折旧，各类别固定资产的折旧年限、残值率见表6-56。客户2×22年采用的折旧政策与2×21年一致。我们认为其折旧政策是合理的。

（2）我们对本期折旧费用的计提是否准确进行了测试，比较测算的本年计提折旧数与账面计提数的差异，见表 6-56。

表 6-56　　**折旧测试表**　　索引号：F2

金额单位：元

序号	资产名称	类别	开始使用时间	固定资产原值	折旧年限（年）	月折旧额	本年折旧月数（月）	本年计提折旧	残值率
1									
2									
3									
4									
5									
6									
7									
8									
9									
10									
11									
12									
13									
14									
15									
16									
17									
18	合计								
						账面累计折旧本年计提			此行数字与科目余额表一致
						差异			

※填写说明：

（1）“月折旧额”需根据折旧计算方法中的直线法计算填列；“本年折旧月数”需根据每种资产的使用情况分析填列；“本年计提折旧”需根据月折旧额和本年折旧月数计算填列。

（2）“本年计提折旧”合计数与“账面累计折旧本年计提”金额比较，如差异超过重要性水平，应查明原因，并确定是否出具审计调整。

（三）固定资产变动

固定资产变动表见表 6-57。

表 6-57　　**固定资产变动表**　　索引号：F3-1

单位：元

固定资产	房屋及建筑物	机器设备	运输工具	电子及办公设备	合计
（一）账面原值：					

（续表）

固定资产	房屋及建筑物	机器设备	运输工具	电子及办公设备	合计
2×21 年 12 月 31 日	4 240 690.00	1 245 000.00	243 432.00	133 000.00	5 862 122.00
本年增加					
其中:在建工程转入					
外部购入					
本年减少					
其中:本年处置					
2×22 年 12 月 31 日					
（二）累计折旧:					
2×21 年 12 月 31 日	470 009.81	340 218.75	144 086.88	101 016.67	1 055 332.11
本年计提					
本年减少					
2×22 年 12 月 31 日					
（三）账面净值:					
2×21 年 12 月 31 日	3 770 680.19	904 781.25	99 345.12	31 983.33	4 806 789.89
2×22 年 12 月 31 日					

※填写说明:

(1) 表 6-57 中,2×21 年数字为 2×20 年审计工作底稿中记录的数字。

(2) 填写时应注意逻辑关系,如“2×22 年 12 月 31 日”金额由“2×21 年 12 月 31 日”金额先加上“本年增加”金额再减去“本年减少”金额得出;“账面净值”由“账面原值”减去“累计折旧”得出。

本年固定资产增加测试表见表 6-58。

表 6-58　　本年固定资产增加测试表　　索引号:F3-2

单位:元

凭证日期	凭证号	摘要	金额	查看的原始凭证	是否异常
				发票、固定资产验收单	否

(四) 勾稽关系核对

勾稽关系核对见表 6-59。

表 6-59　　勾稽关系核对　　索引号:F4

项目	账面金额(元)	
制造费用——折旧		此行数字与制造费用明细表核对一致
管理费用——折旧		此行数字与管理费用明细表核对一致
销售费用——折旧		此行数字与销售费用明细表核对一致
合计		
累计折旧		此行数字与固定资产变动表核对一致
差异		

任务 6.8　编制审定后财务报表

一、任务布置

【任务 6-8】　编制审定后财务报表

完成表 6-60 列示的需要执行的审计程序，并填写审计工作底稿索引号和完成人。

表 6-60　　编制审定后报表任务单

需要执行的审计程序	审计工作底稿索引号	完成人
1. 汇总审计过程中出具的审计调整分录；编制审计工作底稿——调整分录汇总表		
2. 编制审计工作底稿——审定后的资产负债表、利润表		
3. 汇总审计过程中出具的未更正错报分录，并编制审计工作底稿——未更正错报汇总表		

二、背景资料

本任务背景资料见本项目末所附的“实训附列资料”中“四、客户提供资料”。

审定后财务报表审计工作底稿填写指导

三、审计工作底稿

(一) 调整分录汇总

调整分录汇总表见表 6-61。

表 6-61　　调整分录汇总表

索引号：S1

单位：元

项目	借方金额	贷方金额

（续表）

项目	借方金额	贷方金额

（二）审定后的资产负债表

审定后的资产负债表见表6-62。

表6-62　资产负债表(审定后)　索引号:S2

单位名称:　编制人员:　复核日期:2×23年　月　日

报表截止日:2×22年12月31日　复核人员:　编制日期:2×22年　月　日　单位:人民币元

项目	调整前期末余额	调整分录		重分类分录		调整后期末余额
		借方	贷方	借方	贷方	
流动资产:						
货币资金						
交易性金融资产						
应收票据						
应收账款						
预付款项						
其他应收款						
存货						
合同资产						
持有待售资产						
一年内到期的非流动资产						
其他流动资产						
流动资产合计						
非流动资产:						
债权投资						
长期应收款						
长期股权投资						
投资性房地产						

（续表）

项目	调整前 期末余额	调整分录		重分类分录		调整后 期末余额
		借方	贷方	借方	贷方	
固定资产						
在建工程						
使用权资产						
无形资产						
开发支出						
长期待摊费用						
递延所得税资产						
其他非流动资产						
非流动资产合计						
资产总计						
流动负债：						
短期借款						
交易性金融负债						
应付票据						
应付账款						
预收款项						
合同负债						
应付职工薪酬						
应交税费						
其他应付款						
一年内到期的非流动负债						
其他流动负债						
流动负债合计						
非流动负债：						
长期借款						
应付债券						
长期应付款						
预计负债						
递延收益						
递延所得税负债						
其他非流动负债						

（续表）

项目	调整前期末余额	调整分录		重分类分录		调整后期末余额
		借方	贷方	借方	贷方	
非流动负债合计						
负债合计						
所有者权益（或股东权益）:						
实收资本（或股本）						
资本公积						
其他综合收益						
盈余公积						
未分配利润						
所有者权益（或股东权益）合计						
负债和所有者权益（或股东权益）总计						

（三）审定后的利润表

审定后的利润表见表 6-63。

表 6-63　　**利润表（审定后）**　　索引号：S3

单位名称：　　编制人员：　　复核日期：2×23 年　月　日

报表年度：2×22 年　　复核人员：　　编制日期：2×23 年　月　日　　单位：人民币元

项目	调整前本年数	调整分录		重分类分录		调整后金额
		借方	贷方	借方	贷方	
一、营业收入						
减：营业成本						
税金及附加						
销售费用						
管理费用						
财务费用						
加：投资收益（损失以“－”号填列）						
公允价值变动收益（损失以“－”号填列）						
信用减值损失（损失以“－”号填列）						
资产减值损失（损失以“－”号填列）						
资产处置收益（损失以“－”号填列）						
二、营业利润（亏损以“－”号填列）						
加：营业外收入						
减：营业外支出						

（续表）

项目	调整前本年数	调整分录		重分类分录		调整后金额
		借方	贷方	借方	贷方	
三、利润总额（亏损总额以“－”号填列）						
减：所得税费用						
四、净利润（净亏损以“－”号填列）						

（四）未更正错报汇总

未更正错报汇总表见表6-64。

表6-64　　未更正错报汇总表　　索引号：S4

被审计单位：

项目：　　财务报表截止日/期间：

编制人：　　复核人：

日期：　　日期：　　金额单位：元

序号	内容及说明	索引号	未调整内容				备注
			借方项目	借方金额	贷方项目	贷方金额	

未更正错报的影响：

项目	金额	百分比	
1. 总资产	________	________	________
2. 净资产	________	________	________
3. 销售收入	________	________	________
4. 费用总额	________	________	________
5. 毛利	________	________	________
6. 净利润	________	________	________

结论：

附

实训附列资料

一、审计项目基本情况

（1）审计项目名称：高质模具有限责任公司2×22年度审计。

（2）项目进展情况：高质模具有限责任公司是恒信会计师事务所的审计续约客户，以前年度未发现有重大错报。恒信会计师事务所已完成对客户的承接和续约评估工作，双方签订了审计业务约定书。恒信会计师事务所成立了高质模具有限责任公司年度审计项目组（其中，合伙人1人；审计经理1人；现场审计小组3人，合伙人和审计经理为签字注册会计师），该项目组已完成计划审计工作的部分内容。

（3）高质模具有限责任公司简介：

公司类型：有限责任公司。

注册资金：200万元。

法人代表：邹明强。

主营业务：模具钢的加工、销售。

主要生产工艺：高质模具有限责任公司销售的产品模具钢主要应用于精密的电子产品和机械设备，是钢材中品质较高的一类钢种。公司的生产工艺较简单，并不是生产制造模具钢，而是先从供应商处采购模具钢，然后再按照客户要求的尺寸进行简单切割，最后销售出去。公司根据订单生产，切割完工后立刻发货，因此期末存货余额不存在产成品、在产品，全部为原材料。

供应商、客户和总体业绩情况：高质模具有限责任公司主要供应商为佳威钢铁等钢铁生产厂，主要客户为海琴电器等电子产品、机械设备销售商。近几年受宏观经济不景气的影响，公司的销售收入和利润都呈下降趋势。

二、实训总体要求

（1）确定重要性水平。注册会计师未发现以前年度的重大错报，也没有影响重要性水平的其他事项。审计计划阶段，注册会计师以2×22年的税前利润为基准确定重要性水平，计算总体重要性水平的百分比是5%，执行的重要性水平按照总体重要性水平的70%计算，明显微小错报的临界值按照总体重要性水平的5%计算。请填写计划阶段确定重要性水平的表格，如表6-65所示。

表6-65　　计划阶段确定重要性水平

重要性水平	计算过程及结果
总体的重要性水平	
执行的重要性水平	
明显微小错报的临界值	

(2) 了解被审计单位的内部控制。完成各流程的访谈，并填写“流程和控制描述”工作底稿。根据本实训提供的穿行测试工作底稿样例，了解穿行测试方法。具体见任务 6.1。

(3) 执行控制测试。根据本实训提供的控制测试工作底稿样例，了解实施控制测试的方法。

(4) 执行实质性程序，完成审计工作底稿的编制。具体见任务 6.2～6.7。

(5) 审计完成阶段，假设被审计单位采纳所有的审计调整建议，编制调整分录汇总表、审定后的资产负债表和利润表、未更正错报汇总表。具体见任务 6.8。

三、实训资料使用说明

(1) 每个实训任务都分为任务布置、背景资料和审计工作底稿三部分。其中，任务布置部分以“审计任务单”的形式列明了需要执行的审计程序和需要编制的审计工作底稿。完成每项任务后，请在审计任务单中记录审计工作底稿的索引号和完成人。

(2) 需要由被审计单位提供的各种文件资料见本项目末所附的“实训附列资料”中“四、客户提供资料”。建议采用角色扮演的方式来获取“客户提供资料”。

(3) 执行审计程序和填写审计工作底稿需要参考本教材项目 3 至项目 5 中的内容。建议将本项目的实训资料和项目 3 至项目 5 中的对应内容拆卸组合使用，如将“任务 6.2 实施货币资金实质性程序”与“任务 4.1 实施货币资金审计”组合使用，并把任务 4.1 作为任务 6.2 的审计程序指南。

四、客户提供资料

客户提供资料中，相关表格见表 6-66 至表 6-93，相关合同有固定资产贷款合同和流动资金借贷合同。

表 6-66　　科目余额表

使用单位:高质模具有限责任公司　　期间:2×22 年 1～12 月　　单位:元

科目代码	科目名称	借贷方向	期初余额	借方金额	贷方金额	借贷方向	期末余额
1001	库存现金	借	7 590.80	10 000.00	11 168.20	借	6 422.60
1002	银行存款	借	4 668 898.37	33 326 423.26	32 500 218.53	借	5 495 103.10
100201	工行胶南青岛路支行 8991	借	4 668 898.37	29 325 888.54	28 700 218.53	借	5 294 568.38
100202	交行市南第一支行 2826	平	0	1 000 000.00	1 000 000.00	平	0
100203	交行市南第一支行 2837	平	0	3 000 534.72	2 800 000.00	借	200 534.72
1111	应收票据	平	0	0	0	平	0
1121	应收股利	平	0	0	0	平	0
1122	应收利息	平	0	0	0	平	0
1131	应收账款	借	3 375 000.00	26 310 016.61	25 973 016.61	借	3 712 000.00
1133	其他应收款	借	5 020.00	5 133.00	5 020.00	借	5 133.00

（续表）

科目代码	科目名称	借贷方向	期初余额	借方金额	贷方金额	借贷方向	期末余额
1141	坏账准备	贷	91 369.50	6 113.58	17 791.40	贷	103 047.32
1151	预付账款	平	0			平	0
1161	应收补贴款	平	0			平	0
1201	物资采购	平	0			平	0
1211	原材料	借	3 603 750.00	17 162 128.72	15 553 958.72	借	5 211 920.00
1221	包装物	平	0			平	0
1231	低值易耗品	平	0			平	0
1241	自制半成品	平	0			平	0
1243	库存商品	平	0	17 638 369.47	17 638 369.47	平	0
1281	存货跌价准备	平	0			平	0
1301	待摊费用	平	0			平	0
1401	长期股权投资	平	0			平	0
1421	长期投资减值准备	平	0			平	0
1501	固定资产	借	5 862 122.00	2 601 488.00		借	8 463 610.00
1502	累计折旧	贷	1 055 332.11		393 862.72	贷	1 449 194.83
1505	固定资产减值准备	平	0			平	0
1601	工程物资	平	0			平	0
1603	在建工程	平	0			平	0
1605	在建工程减值准备	平	0			平	0
1701	固定资产清理	平	0			平	0
1801	无形资产	借	667 200.00	0	0	借	667 200.00
1802	累计摊销	贷	44 480.00		22 240.00	贷	66 720.00
1805	无形资产减值准备	平	0			平	0
1901	长期待摊费用	平	0			平	0
1911	待处理财产损溢	平	0			平	0
2101	短期借款	贷	1 000 000.00	1 000 000.00	3 000 000.00	贷	3 000 000.00
2111	应付票据	平	0			平	0
2121	应付账款	贷	2 350 000.00	19 102 160.10	20 052 080.10	贷	3 299 920.00
212101	佳威钢铁集团公司	贷	1 278 000.00	8 261 173.30	9 292 143.30	贷	2 308 970.00
212102	太原钢铁集团公司	贷	1 072 000.00	6 308 963.10	6 157 563.10	贷	920 600.00
212103	舞阳钢铁有限责任公司	贷	0	4 532 023.70	4 602 373.70	贷	70 350.00

（续表）

科目代码	科目名称	借贷方向	期初余额	借方金额	贷方金额	借贷方向	期末余额
2131	预收账款	平	0			平	0
2151	应付职工薪酬	贷	278 841.20	2 907 355.11	2 927 466.24	贷	298 952.33
215101	工资	贷	267 566.00	2 194 552.00	2 221 011.00	贷	294 025.00
215102	社保	贷	0	662 035.02	662 035.02	贷	0
215103	工会经费和职工教育经费	贷	11 275.20	50 768.09	44 420.22	贷	4 927.33
2161	应付股利	平	0			平	0
2171	应交税费	贷	151 856.66	1 443 339.27	1 434 092.03	贷	142 609.42
2176	其他应交款	平	0			平	0
2181	其他应付款	平	0	285 500.88	285 500.88	平	0
2191	预提费用	平	0			平	0
2301	长期借款	平	0			平	0
2321	长期应付款	平	0			平	0
2331	专项应付款	平	0			平	0
2341	递延税款	平	0			平	0
3101	实收资本(或股本)	贷	2 000 000.00			贷	2 000 000.00
3103	已归还投资	平	0			平	0
3111	资本公积	平	0			平	0
3121	盈余公积	贷	1 036 611.71			贷	1 036 611.71
3131	本年利润	平	0	1 983 243.10	1 983 243.10	平	0
3141	利润分配	贷	10 181 089.99		1 983 243.10	贷	12 164 333.09
314101	提取法定盈余公积	平	0			平	0
314102	提取任意盈余公积	平	0			平	0
314103	应付股利	平	0			平	0
314115	未分配利润	贷	10 181 089.99		1 983 243.10	贷	12 164 333.09
4101	生产成本	平	0	17 955 338.67	17 955 338.67	平	0
410101	材料成本	平	0	15 553 958.72	15 553 958.72	平	0
410102	人工	平	0	1 258 810.48	1 258 810.48	平	0
410103	结转制造费用	平	0	1 142 569.47	1 142 569.47	平	0
4105	制造费用	平	0	1 142 569.47	1 142 569.47	平	0
410501	物料消耗	平	0	840 400.50	840 400.50	平	0
410502	折旧	平	0	302 168.97	302 168.97	平	0

（续表）

科目代码	科目名称	借贷方向	期初余额	借方金额	贷方金额	借贷方向	期末余额
5101	主营业务收入	平	0	23 283 200.56	23 283 200.56	平	0
5102	其他业务收入	平	0			平	0
5201	投资收益	平	0			平	0
5203	补贴收入	平	0			平	0
5301	营业外收入	平	0			平	0
5401	主营业务成本	平	0	17 955 338.67	17 955 338.67	平	0
5402	税金及附加	平	0	77 857.00	77 857.00	平	0
5405	其他业务成本	平	0			平	0
5501	销售费用	平	0	892 929.78	892 929.78	平	0
550101	工资	平	0	377 572.00	377 572.00	平	0
550102	社保	平	0	112 545.95	112 545.95	平	0
550103	工会经费	平	0	7 551.44	7 551.44	平	0
550104	运输费	平	0	371 665.24	371 665.24	平	0
550105	折旧费	平	0	23 595.15	23 595.15	平	0
5502	管理费用	平	0	1 617 110.11	1 617 110.11	平	0
550201	工资	平	0	888 404.00	888 404.00	平	0
550202	社保	平	0	264 814.13	264 814.13	平	0
550203	福利费	平	0	5 800.00	5 800.00	平	0
550204	工会经费	平	0	17 768.08	17 768.08	平	0
550205	招待费	平	0	44 913.00	44 913.00	平	0
550206	办公费	平	0	86 186.30	86 186.30	平	0
550207	水电费	平	0	76 113.60	76 113.60	平	0
550208	差旅费	平	0	36 128.00	36 128.00	平	0
550209	通信费	平	0	7 715.20	7 715.20	平	0
550210	培训费	平	0	6 885.00	6 885.00	平	0
550211	审计费	平	0	75 000.00	75 000.00	平	0
550212	折旧费	平	0	68 098.60	68 098.60	平	0
550213	其他	平	0	39 284.20	39 284.20	平	0
5503	财务费用	平	0	77 346.55	77 346.55	平	0
550301	利息支出	平	0	84 666.67	84 666.67	平	0
550302	存款利息	平	0	−8 014.12	−8 014.12	平	0

（续表）

科目代码	科目名称	借贷方向	期初余额	借方金额	贷方金额	借贷方向	期末余额
550303	银行手续费	平	0	694.00	694.00	平	0
5601	营业外支出	平	0			平	0
5701	所得税费用	平	0	662 638.63	662 638.63	平	0
5801	以前年度损益调整	平	0			平	0

表 6-67　　资产负债表

编制单位：高质模具有限责任公司　　2×22 年 12 月 31 日　　单位：元

资　产	期末余额	上年年末余额	负债和所有者权益（或股东权益）	期末余额	上年年末余额
流动资产：			流动负债：		
货币资金	5 501 525.70	4 676 489.17	短期借款	3 000 000.00	1 000 000.00
交易性金融资产	0	0	交易性金融负债	0	0
应收票据	0	0	应付票据	0	0
应收账款	3 608 952.68	3 283 630.50	应付账款	3 299 920.00	2 350 000.00
预付款项	0	0	预收账款	0	0
其他应收款	5 133.00	5 020.00	合同负债	0	0
存货	5 211 920.00	3 603 750.00	应付职工薪酬	298 952.33	278 841.20
合同资产	0	0	应交税费	142 609.42	151 856.66
持有待售资产	0	0	其他应付款	0	0
一年内到期的非流动资产	0	0	一年内到期的非流动负债	0	0
其他流动资产	0	0	其他流动负债	0	0
流动资产合计	14 327 531.38	11 568 889.67	流动负债合计	6 741 481.75	3 780 697.86
非流动资产：			非流动负债：		
债权投资	0	0	长期借款	0	0
长期应收款	0	0	应付债券	0	0
长期股权投资	0	0	长期应付款	0	0
投资性房地产	0	0	预计负债	0	0
固定资产	7 014 415.17	4 806 789.89	递延收益	0	0
在建工程	0	0	递延所得税负债	0	0
使用权资产	0	0	其他非流动负债	0	0
无形资产	600 480.00	622 720.00	非流动负债合计	0	0

（续表）

资　产	期末余额	上年年末余额	负债和所有者权益（或股东权益）	期末余额	上年年末余额
开发支出	0	0	负债合计	6 741 481.75	3 780 697.86
长期待摊费用	0	0	所有者权益（或股东权益）：		
递延所得税资产	0	0	实收资本（或股本）	2 000 000.00	2 000 000.00
其他非流动资产	0	0	资本公积	0	0
非流动资产合计	7 614 895.17	5 429 509.89	其他综合收益	0	0
			盈余公积	1 036 611.71	1 036 611.71
			未分配利润	12 164 333.09	10 181 089.99
			所有者权益（或股东权益）合计	15 200 944.80	13 217 701.70
资产总计	21 942 426.55	16 998 399.56	负债和所有者权益（或股东权益）总计	21 942 426.55	16 998 399.56

单位负责人：　　　　审核人：　　　　制表人：

表 6-68　　利润表

编制单位：高质模具有限责任公司　　2×22 年 12 月　　单位：元

项　目	本月金额	本年累计金额
一、营业收入	2 425 376.67	23 283 200.56
减：营业成本	1 891 793.80	17 955 338.67
税金及附加	8 323.89	82 915.90
销售费用	88 767.04	892 929.78
管理费用	164 087.25	1 617 110.11
研发费用	0	0
财务费用	14 200.00	77 346.55
其中：利息费用	15 543.90	84 666.67
利息收入	−1 471.30	−8 014.12
加：其他收益	0	0
投资收益（损失以“－”号填列）	0	0
净敞口套期收益（损失以“－”号填列）	0	0
公允价值变动收益（损失以“－”号填列）	0	0
信用减值损失（损失以“－”号填列）	−573.15	−11 677.82
资产减值损失（损失以“－”号填列）	0	0
资产处置收益（损失以“－”号填列）	0	0

（续表）

项　　目	本月金额	本年累计金额
二、营业利润（亏损以“－”号填列）	257 631.54	2 645 881.73
加：营业外收入	0	0
减：营业外支出	0	0
三、利润总额（亏损总额以“－”号填列）	257 631.54	2 645 881.73
减：所得税费用	64 407.88	662 638.63
四、净利润（净亏损以“－”号填列）	193 223.66	1 983 243.10
五、其他综合收益的税后净额	0	0
六、综合收益总额	193 223.66	1 983 243.10
七、每股收益		

表 6-69　　　　**利润表**

编制单位：高质模具有限责任公司　　　　2×21 年 12 月　　　　单位：元

项　　目	本年累计金额
一、营业收入	24 120 061.92
减：营业成本	18 027 404.27
税金及附加	91 349.50
销售费用	916 982.75
管理费用	1 655 747.92
研发费用	0
财务费用	10 900.21
其中：利息费用	11 931.82
利息收入	－3 812.08
加：其他收益	0
投资收益（损失以“－”号填列）	0
净敞口套期收益（损失以“－”号填列）	0
公允价值变动收益（损失以“－”号填列）	0
信用减值损失（损失以“－”号填列）	－9 476.82
资产减值损失（损失以“－”号填列）	0
资产处置收益（损失以“－”号填列）	0
二、营业利润（亏损以“－”号填列）	3 408 200.45
加：营业外收入	0
减：营业外支出	0
三、利润总额（亏损总额以“－”号填列）	3 408 200.45
减：所得税费用	854 419.32
四、净利润（净亏损以“－”号填列）	2 553 781.13
五、其他综合收益的税后净额	0
六、综合收益总额	2 553 781.13
七、每股收益	

表 6-70　　　　**银行存款余额调节表**

2×22 年 12 月

银行及账号：工行胶南青岛路支行　380302X229200258991　　　　单位：元

项目	金额	项目	金额
企业银行存款日记账金额	5 294 568.38	银行对账单金额	5 308 173.36
加：银行已收、企业未收款	1 244.98	加：企业已收、银行未收款	
其中：1. 存款利息	1 244.98	其中：1.	

（续表）

项目	金额	项目	金额
2.		2.	
…		…	
减:银行已付、企业未付款		减:企业已付、银行未付款	12 360.00
其中:1.		其中:1. 支付运费	12 360.00
2.		2.	
…		…	
调节后企业银行存款日记账金额	5 295 813.36	调节后银行对账单金额	5 295 813.36

经办会计人员:袁丽丽　　　　会计主管:张娟　　　　编制单位:高质模具有限责任公司

表 6-71

银行存款余额调节表

2×22 年 12 月

银行及账号:交行市南第一支行　372005510018170012826　　　　单位:元

项目	金额	项目	金额
企业银行存款日记账金额	0	银行对账单金额	0
加:银行已收、企业未收款		加:企业已收、银行未收款	
其中:1. 存款利息		其中:1.	
2.		2.	
…		…	
减:银行已付、企业未付款		减:企业已付、银行未付款	
其中:1.		其中:1.	
2.		2.	
…		…	
调节后企业银行存款日记账金额	0	调节后银行对账单金额	0

经办会计人员:袁丽丽　　　　会计主管:张娟　　　　编制单位:高质模具有限责任公司

表 6-72

银行存款余额调节表

2×22 年 12 月

银行及账号:交行市南第一支行　372005510018170012837　　　　单位:元

项目	金额	项目	金额
企业银行存款日记账金额	200 534.72	银行对账单金额	200 534.72
加:银行已收、企业未收款		加:企业已收、银行未收款	
其中:1. 存款利息		其中:1.	
2.		2.	
…		…	
减:银行已付、企业未付款		减:企业已付、银行未付款	

（续表）

项目	金额	项目	金额
其中：1.		其中：1.	
2.		2.	
…		…	
调节后企业银行存款日记账金额	200 534.72	调节后银行对账单金额	200 534.72

经办会计人员：袁丽丽　　会计主管：张娟　　编制单位：高质模具有限责任公司

表 6-73　　**银行存款日记账**

使用单位：高质模具有限责任公司

科目：100201 银行存款——工行胶南青岛路支行 8991　　期间：2×22 年 12 月　　单位：元

日期	凭证号	摘要	借方金额	贷方金额	借贷方向	余额
2×22/12/1		上期结转			借	3 156 297.59
2×22/12/5	记账凭证第 0001 号	支付电费		31 033.78	借	3 125 263.81
2×22/12/5		本日合计		31 033.78	借	3 125 263.81
2×22/12/6	记账凭证第 0002 号	购买办公用品		1 280.00	借	3 123 983.81
2×22/12/6	记账凭证第 0003 号	缴纳增值税等		306 078.59	借	2 817 905.22
2×22/12/6	记账凭证第 0004 号	收到货款	1 696 953.63		借	4 514 858.85
2×22/12/6		本日合计	1 696 953.63	307 358.59	借	4 514 858.85
2×22/12/8	记账凭证第 0006 号	收到货款	257 500.00		借	4 772 358.85
2×22/12/8		本日合计	257 500.00		借	4 772 358.85
2×22/12/9	记账凭证第 0009 号	发放 11 月工资		158 382.78	借	4 613 976.07
2×22/12/9	记账凭证第 0010 号	代扣代缴个人所得税		1 020.35	借	4 612 955.72
2×22/12/9		本日合计		159 403.13	借	4 612 955.72
2×22/12/21	记账凭证第 0013 号	收到货款	1 603 549.95		借	6 216 505.67
2×22/12/21		本日合计	1 603 549.95		借	6 216 505.67
2×22/12/27	记账凭证第 0022 号	支付本月借款利息		14 794.62	借	6 201 711.05
2×22/12/27	记账凭证第 0023 号	取现		5 000.00	借	6 196 711.05
2×22/12/27		本日合计		19 794.62	借	6 196 711.05
2×22/12/29	记账凭证第 0028 号	缴纳社保		87 996.67	借	6 108 714.38
2×22/12/29		本日合计		87 996.67	借	6 108 714.38
2×22/12/30	记账凭证第 0032 号	支付运费		12 360.00	借	6 096 354.38
2×22/12/30	记账凭证第 0033 号	支付采购款		801 786.00	借	5 294 568.38
2×22/12/30		本日合计		814 146.00	借	5 294 568.38
2×22/12/31		本月合计	3 558 003.58	1 419 732.79	借	5 294 568.38
2×22/12/31		本年累计	29 325 888.54	28 700 218.53	借	5 294 568.38

表 6-74　　银行存款日记账

使用单位:高质模具有限责任公司

科目:100201 银行存款——交行市南第一支行 2826　期间:2×22 年 12 月　单位:元

日期	凭证号	摘要	借方金额	贷方金额	借贷方向	余额
2×22/12/1		上期结转			借	—
2×22/12/1		本日合计			借	—
2×22/12/31		本月合计			借	—
2×22/12/31		本年累计			借	—

表 6-75　　银行存款日记账

使用单位:高质模具有限责任公司

科目:100201 银行存款——交行市南第一支行 2837　期间:2×22 年 12 月　单位:元

日期	凭证号	摘要	借方金额	贷方金额	借贷方向	余额
2×22/12/1		上期结转			借	200 267.18
2×22/12/25	记账凭证第 0019 号	存款利息	267.54		借	200 534.72
2×22/12/25		本日合计	267.54		借	200 534.72
2×22/12/31		本月合计	267.54		借	200 534.72
2×22/12/31		本年累计	3 000 534.72	2 800 000.00	借	200 534.72

表 6-76　　现金日记账

使用单位:高质模具有限责任公司

科目:1001 库存现金　期间:2×23 年 1 月　单位:元

日期	凭证号	摘要	借方金额	贷方金额	借贷方向	余额
2×23/1/1		上期结转			借	6 422.60
2×23/1/8	记账凭证第 0003 号	收废铁屑款	1 311.00		借	7 733.60
2×23/1/8		本日合计	1 311.00		借	7 733.60
2×23/1/10	记账凭证第 0005 号	报销市内交通费		193.00	借	7 540.60
2×23/1/10		本日合计		193.00	借	7 540.60
2×23/1/31		本月合计	1 311.00	193.00	借	7 540.60
2×23/1/31		本年累计	1 311.20	193.00	借	7 540.60

表 6-77　　银行存款日记账

使用单位:高质模具有限责任公司

科目:100201 银行存款——工行胶南青岛路支行 8991　期间:2×23 年 1 月　单位:元

日期	凭证号	摘要	借方金额	贷方金额	借贷方向	余额
2×23/1/1		上期结转			借	5 294 568.38
2×23/1/5	记账凭证第 0002 号	支付电费		28 537.70	借	5 266 030.68
2×23/1/5	记账凭证第 0003 号	存款利息	1 244.98		借	5 267 275.66
2×23/1/5		本日合计	1 244.98	28 537.70	借	5 267 275.66
2×23/1/7	记账凭证第 0008 号	收到货款	121 807.00		借	5 389 082.66

（续表）

日期	凭证号	摘要	借方金额	贷方金额	借贷方向	余额
2×23/1/7	记账凭证第0009号	支付运费		10 573.00	借	5 378 509.66
2×23/1/7		本日合计	121 807.00	10 573.00	借	5 378 509.66
2×23/1/9	记账凭证第0014号	发放2×22年12月工资、奖金		261 465.13	借	5 117 044.53
2×23/1/7		本日合计		261 465.13	借	5 117 044.53
2×23/1/11	记账凭证第0023号	支付货款		398 907.60	借	4 718 136.93
2×23/1/11		本日合计		398 907.60	借	4 718 136.93
2×23/1/31		本月合计	123 051.98	699 483.43	借	4 718 136.93
2×23/1/31		本年累计	123 051.98	699 483.43	借	4 718 136.93

表6-78　　中国工商银行客户存款对账单

网点号：　　币种：人民币（本位币）　　单位：元　　2×22年12月31日　　页号：2

账号：380302X229200258991				户名：高质模具有限责任公司			上页余额：6 113 714.38		
日期	交易类型	凭证种类	凭证号	对方户名	摘要	借方发生额	贷方发生额	余额	记账信息
12-21	转账	000000000	00000000000000000		存款利息		1 244.98	6 114 959.36	020000038
12-26	转账	000000109	0000000002532X220		货款	801 786.00		5 313 173.36	020301321
12-27	现金	000000108	0000000002532X221		备用金	5 000.00		5 308 173.36	020301340

截至2×22年12月31日，账户余额：5 308 173.36，保留余额：0，冻结余额：0，透支余额：0，可用余额：5 308 173.36。

打印日期：2×23-1-5

表6-79　　交通银行客户存款对账单

网点号：　　币种：人民币（本位币）　　单位：元　　2×22年12月31日　　页号：1

账号：372005510018170012826				户名：高质模具有限责任公司			上月余额：0		
日期	交易类型	凭证种类	凭证号	对方户名	摘要	借方发生额	贷方发生额	余额	记账信息

截至2×22年12月31日，账户余额：0，保留余额：0，冻结余额：0，透支余额：0，可用余额：0。

打印日期：2×23-1-5

表6-80　　交通银行客户存款对账单

网点号：　　币种：人民币（本位币）　　单位：元　　2×22年12月31日　　页号：1

账号：372005510018170012837				户名：高质模具有限责任公司			上月余额：200 000.00		
日期	交易类型	凭证种类	凭证号	对方户名	摘要	借方发生额	贷方发生额	余额	记账信息
12-21	转账	000000000	00000000000000000		存款利息		534.72	200 534.72	030000128

截至2×22年12月31日，账户余额：0，保留余额：0，冻结余额：0，透支余额：0，可用余额：0。

打印日期：2×23-1-5

表 6-81　　中国工商银行客户存款对账单

网点号：　　币种：人民币(本位币)　　单位：元　　2×23 年 1 月 12 日　　页号：1

账号：380302X229200258991			户名：高质模具有限责任公司				上页余额：5 308 173.36		
日期	交易类型	凭证种类	凭证号	对方户名	摘要	借方发生额	贷方发生额	余额	记账信息
01-04	转账	000000109	0000000025321035		运费	12 360.00		5 295 813.36	020000038
01-05	转账	000000105	0000000025321036		电费	28 537.70		5 267 275.66	020302118
01-07	转账	000000109	0000000025321037		货款		121 807.00	5 389 082.66	020302120
01-07	转账	000000109	0000000025321038		运费	10 573.00		5 378 509.66	020302121
01-09	转账	000000103	0000000025321039		工资	261 465.13		5 117 044.53	020302133
01-11	转账	000000109	0000000025321040		货款	398 907.60		4 718 136.93	020302148

截至 2×23 年 1 月 12 日，账户余额：4 718 136.93，保留余额：0，冻结余额：0，透支余额：0，可用余额：4 718 136.93。

打印日期：2×23-1-12

表 6-82　　短期借款明细账

科目：2101 短期借款　　期间：2×22 年 1～12 月　　单位：元

日期	凭证号	摘要	借方金额	贷方金额	借贷方向	余额
2×22/1/1		上期结转			贷	1 000 000.00
2×22/1/31		本月合计			平	0
2×22/1/31		本年累计			平	0
2×22/2/29		本月合计			平	0
2×22/2/29		本年累计			平	0
2×22/3/31		本月合计			平	0
2×22/3/31		本年累计			平	0
2×22/4/30		本月合计			平	0
2×22/4/30		本年累计			平	0
2×22/5/31		本月合计			平	0
2×22/5/31		本年累计			平	0
2×22/6/30		本月合计			平	0
2×22/6/30		本年累计			平	0
2×22/7/31		本月合计			平	0
2×22/7/31		本年累计			平	0
2×22/8/25	记账凭证第 0007 号	收到借款		3 000 000.00	贷	4 000 000.00
2×22/8/31		本月合计		3 000 000.00	贷	4 000 000.00
2×22/8/31		本年累计		3 000 000.00	贷	4 000 000.00
2×22/9/30		本月合计			贷	4 000 000.00
2×22/9/30		本年累计		3 000 000.00	贷	4 000 000.00
2×22/10/22	记账凭证第 0005 号	归还借款	1 000 000.00		贷	3 000 000.00
2×22/10/31		本月合计	1 000 000.00		贷	3 000 000.00

（续表）

日期	凭证号	摘要	借方金额	贷方金额	借贷方向	余额
2×22/10/31		本年累计	1 000 000.00	3 000 000.00	贷	3 000 000.00
2×22/11/30		本月合计			贷	3 000 000.00
2×22/11/30		本年累计	1 000 000.00	3 000 000.00	贷	3 000 000.00
2×22/12/31		本月合计			贷	3 000 000.00
2×22/12/31		本年累计	1 000 000.00	3 000 000.00	贷	3 000 000.00

表 6-83　　应付职工薪酬明细账

科目:5401 应付职工薪酬　　期间:2×22 年 1～12 月　　单位:元

日期	凭证号	摘要	借方金额	贷方金额	借贷方向	余额
2×22/1/1		上期结转			贷	278 841.20
2×22/1/9	记账凭证第 0004 号	发放 12 月工资奖金	267 566.00		贷	11 275.20
2×22/1/27	记账凭证第 0010 号	缴纳社保	51 982.56		借	40 707.36
2×22/1/29	记账凭证第 0011 号	计提工资、社保等		217 791.72	贷	177 084.36
2×22/1/31		本月合计	319 548.56	217 791.72	贷	177 084.36
2×22/1/31		本年累计	319 548.56	217 791.72	贷	177 084.36
2×22/2/9	记账凭证第 0003 号	发放 1 月工资	162 558.00		贷	14 526.36
2×22/2/27	记账凭证第 0009 号	缴纳社保	51 982.56		借	37 456.20
2×22/2/28	记账凭证第 0010 号	计提工资、社保等		218 002.86	贷	180 546.66
2×22/2/29		本月合计	214 540.56	218 002.86	贷	180 546.66
2×22/2/29		本年累计	534 089.12	435 794.58	贷	180 546.66
2×22/3/9	记账凭证第 0002 号	发放 2 月工资	162 765.00		贷	17 781.66
2×22/3/29	记账凭证第 0007 号	缴纳社保	51 982.56		借	34 200.90
2×22/3/29	记账凭证第 0008 号	计提工资、社保等		220 551.84	贷	186 350.94
2×22/3/31		本月合计	214 747.56	220 551.84	贷	186 350.94
2×22/3/31		本年累计	748 836.68	656 346.42	贷	186 350.94
2×22/4/9	记账凭证第 0003 号	发放 3 月工资	165 264.00		贷	21 086.94
2×22/4/28	记账凭证第 0011 号	缴纳社保	53 839.08		借	32 752.14
2×22/4/28	记账凭证第 0012 号	计提工资、社保等		223 325.34	贷	190 573.20
2×22/4/30		本月合计	219 103.08	223 325.34	贷	190 573.20
2×22/4/30		本年累计	967 939.76	879 671.76	贷	190 573.20
2×22/5/9	记账凭证第 0004 号	发放 4 月工资	166 163.00		贷	24 410.20
2×22/5/29	记账凭证第 0010 号	缴纳社保	53 839.08		借	29 428.88
2×22/5/29	记账凭证第 0011 号	计提工资、社保等		223 294.74	贷	193 865.86

（续表）

日期	凭证号	摘要	借方金额	贷方金额	借贷方向	余额
2×22/5/31		本月合计	220 002.08	223 294.74	贷	193 865.86
2×22/5/31		本年累计	1 187 941.84	1 102 966.50	贷	193 865.86
2×22/6/9	记账凭证第 0003 号	发放 5 月工资	166 133.00		贷	27 732.86
2×22/6/29	记账凭证第 0012 号	缴纳社保	53 839.08		借	26 106.22
2×22/6/29	记账凭证第 0013 号	计提工资、社保等		233 960.88	贷	207 854.66
2×22/6/30		本月合计	219 972.08	233 960.88	贷	207 854.66
2×22/6/30		本年累计	1 407 913.92	1 336 927.38	贷	207 854.66
2×22/7/9	记账凭证第 0005 号	发放 6 月工资	176 590.00		贷	31 264.66
2×22/7/29	记账凭证第 0012 号	缴纳社保	57 428.35		借	26 163.69
2×22/7/29	记账凭证第 0013 号	计提工资、社保等		237 687.85	贷	211 524.16
2×22/7/31		本月合计	234 018.35	237 687.85	贷	211 524.16
2×22/7/31		本年累计	1 641 932.27	1 574 615.23	贷	211 524.16
2×22/8/9	记账凭证第 0003 号	发放 7 月工资	176 725.00		贷	34 799.16
2×22/8/29	记账凭证第 0009 号	缴纳社保	57 428.35		借	22 629.19
2×22/8/30	记账凭证第 0009 号	计提工资、社保等		237 943.87	贷	215 314.68
2×22/8/31		本月合计	234 153.35	237 943.87	贷	215 314.68
2×22/8/31		本年累计	1 876 085.62	1 812 559.10	贷	215 314.68
2×22/9/9	记账凭证第 0003 号	发放 8 月工资	176 976.00		贷	38 338.68
2×22/9/29	记账凭证第 0009 号	缴纳社保	57 428.35		借	19 089.67
2×22/9/29	记账凭证第 0010 号	计提工资、社保等		249 275.05	贷	230 185.38
2×22/9/30		本月合计	234 404.35	249 275.05	贷	230 185.38
2×22/9/30		本年累计	2 110 489.97	2 061 834.15	贷	230 185.38
2×22/10/9	记账凭证第 0002 号	发放 9 月工资	188 085.00		贷	42 100.38
2×22/10/29	记账凭证第 0008 号	缴纳社保	57 428.35		借	15 327.97
2×22/10/30	记账凭证第 0009 号	计提工资、社保等		259 110.91	贷	243 782.94
2×22/10/31		本月合计	245 513.35	259 110.91	贷	243 782.94
2×22/10/31		本年累计	2 356 003.32	2 320 945.06	贷	243 782.94
2×22/11/9	记账凭证第 0002 号	发放 10 月工资	197 728.00		贷	46 054.94
2×22/11/29	记账凭证第 0010 号	缴纳社保	57 428.35		借	11 373.41
2×22/11/29	记账凭证第 0011 号	计提工资、社保等		249 187.33	贷	237 813.92
2×22/11/30		本月合计	255 156.35	249 187.33	贷	237 813.92

（续表）

日期	凭证号	摘要	借方金额	贷方金额	借贷方向	余额
2×22/11/30		本年累计	2 611 159.67	2 570 132.39	贷	237 813.92
2×22/12/9	记账凭证第 0009 号	发放 11 月工资	187 999.00		贷	49 814.92
2×22/12/29	记账凭证第 0013 号	缴纳社保	57 428.35		借	7 613.43
2×22/12/29	记账凭证第 0014 号	计提工资、社保等		357 333.85	贷	349 720.42
2×22/12/29	记账凭证第 0015 号	上交工会经费	17 768.09		贷	331 952.33
2×22/12/29	记账凭证第 0016 号	工会活动费	33 000.00		贷	298 952.33
2×22/12/31		本月合计	296 195.44	357 333.85	贷	298 952.33
2×22/12/31		本年累计	2 907 355.11	2 927 466.24	贷	298 952.33

表 6-84　　**应付职工薪酬明细账**

科目:5401 应付职工薪酬　　期间:2×23 年 1 月　　单位:元

日期	凭证号	摘要	借方金额	贷方金额	借贷方向	余额
2×23/1/1		上期结转			贷	298 952.33
2×23/1/9	记账凭证第 0004 号	发放 12 月工资奖金	295 320.00		贷	3 632.33
2×23/1/27	记账凭证第 0010 号	缴纳社保	57 428.35		借	53 796.02
2×23/1/29	记账凭证第 0011 号	计提工资、社保等		254 057.32	贷	200 261.30
2×23/1/31		本月合计	352 748.35	254 057.32	贷	200 261.30
2×23/1/31		本年累计	352 748.35	254 057.32	贷	200 261.30

表 6-85　　**管理费用明细账**

科目:5502 管理费用　　期间:2×22 年 1 月　　单位:元

日期	凭证号	摘要	借方金额	贷方金额	借贷方向	余额
2×22/1/1		上期结转			平	—
2×22/1/5	记账凭证第 0002 号	支付电费	6 423.60		借	6 423.60
2×22/1/21	记账凭证第 0007 号	报销差旅费	840.00		借	7 263.60
2×22/1/29	记账凭证第 0011 号	计提工资、社保等	128 857.57		借	136 121.17
2×22/1/31	记账凭证第 0014 号	计提折旧	5 674.88		借	141 796.05
2×22/1/31	记账凭证第 0016 号	结转损益		141 796.05	平	—
2×22/1/31		本月合计	141 796.05	141 796.05	平	—
2×22/1/31		本年累计	141 796.05	141 796.05	平	—

表 6-86　　**管理费用明细账**

科目:5502 管理费用　　期间:2×22 年 12 月　　单位:元

日期	凭证号	摘要	借方金额	贷方金额	借贷方向	余额
2×22/12/1		上期结转			平	—
2×22/12/5	记账凭证第 0001 号	支付电费	6 381.06		借	6 381.06

（续表）

日期	凭证号	摘要	借方金额	贷方金额	借贷方向	余额
2×22/12/6	记账凭证第 0002 号	购买办公用品	1 280.00		借	7 661.06
2×22/12/29	记账凭证第 0014 号	计提工资、社保等	140 648.29		借	148 309.35
2×22/12/31	记账凭证第 0017 号	计提折旧	5 674.88		借	153 984.23
2×22/12/31	记账凭证第 0022 号	结转损益		153 984.23	平	—
2×22/12/31		本月合计	153 984.23	153 984.23	平	—
2×22/12/31		本年累计	1 617 110.11	1 617 110.11	平	—

表 6-87　　管理费用明细账

科目:5502 管理费用　　期间:2×23 年 1 月　　单位:元

日期	凭证号	摘要	借方金额	贷方金额	借贷方向	余额
2×23/1/1		上期结转			平	—
2×23/1/5	记账凭证第 0002 号	支付电费	6 509.38		借	6 509.38
2×23/1/31		本月合计	6 509.38		借	6 509.38
2×23/1/31		本年累计	6 509.38		借	6 509.38

表 6-88　　销售费用明细账

科目:5501 销售费用　　期间:2×22 年 12 月　　单位:元

日期	凭证号	摘要	借方金额	贷方金额	借贷方向	余额
2×22/12/1		上期结转			平	—
2×22/12/29	记账凭证第 0014 号	计提工资、社保等	61 744.40		借	61 744.40
2×22/12/30	记账凭证第 0015 号	支付运费	11 339.45		借	73 083.85
2×22/12/31	记账凭证第 0017 号	计提折旧	1 966.26		借	75 050.11
2×22/12/31	记账凭证第 0022 号	结转损益		75 050.11	平	—
2×22/12/31		本月合计	75 050.11	75 050.11	平	—
2×22/12/31		本年累计	897 964.08	897 964.08	平	—

表 6-89　　销售费用明细账

科目:5501 销售费用　　期间:2×23 年 1 月　　单位:元

日期	凭证号	摘要	借方金额	贷方金额	借贷方向	余额
2×23/1/1		上期结转			平	—
2×23/1/7	记账凭证第 0009 号	支付运费	9 700.00		借	9 700.00
2×23/1/31		本月合计	9 700.00	9 700.00	借	9 700.00
2×23/1/31		本年累计	9 700.00	9 700.00	借	9 700.00

表 6-90　　应收账款明细账

科目:1131 应收账款　　2×22 年 1～12 月　　单位:元

日期	凭证号	摘要	借方金额	贷方金额	借贷方向	余额	辅助核算
2×22/1/1		上期结转			借	3 375 000.00	
2×22/1/20	记账凭证第 0008 号	收到货款		1 260 000.00	借	2 115 000.00	海琴电器
2×22/1/31	记账凭证第 0012 号	销售钢材	1 393 000.00		借	3 508 000.00	上海鸿达
2×22/1/31	记账凭证第 0012 号	销售钢材	656 548.47		借	4 164 548.47	华盛
2×22/1/31		本月合计	2 049 548.47	1 260 000.00	借	4 164 548.47	
2×22/1/31		本年累计	2 049 548.47	1 260 000.00	借	4 164 548.47	
2×22/2/23	记账凭证第 0009 号	收到货款		1 085 300.00	借	3 079 248.47	富元
2×22/2/29	记账凭证第 0011 号	销售钢材	1 388 650.75		借	4 467 899.22	华盛
2×22/2/29	记账凭证第 0011 号	销售钢材	543 004.63		借	5 010 903.85	富元
2×22/2/29		本月合计	1 931 655.38	1 085 300.00	借	5 010 903.85	
2×22/2/29		本年累计	3 981 203.85	2 345 300.00	借	5 010 903.85	
2×22/3/21	记账凭证第 0006 号	收到货款		896 340.00	借	4 114 563.85	海琴电器
2×22/3/26	记账凭证第 0008 号	收到货款		2 642 078.05	借	1 472 485.80	华盛
2×22/3/31	记账凭证第 0009 号	销售钢材	1 954 883.84		借	3 427 369.64	海琴电器
2×22/3/31	记账凭证第 0009 号	销售钢材	115 859.08		借	3 543 228.72	富兴
2×22/3/31		本月合计	2 070 742.92	3 538 418.05	借	3 543 228.72	
2×22/3/31		本年累计	6 051 946.77	5 883 718.05	借	3 543 228.72	
2×22/4/2	记账凭证第 0001 号	收到货款		1 842 864.70	借	1 700 364.02	上海鸿达
2×22/4/30	记账凭证第 0013 号	销售钢材	1 698 327.36		借	3 398 691.38	华盛
2×22/4/30	记账凭证第 0013 号	销售钢材	430 727.36		借	3 829 418.74	富兴
2×22/4/30		本月合计	2 129 054.72	1 842 864.70	借	3 829 418.74	
2×22/4/30		本年累计	8 181 001.49	7 726 582.75	借	3 829 418.74	
2×22/5/3	记账凭证第 0001 号	收到货款		2 048 900.00	借	1 780 518.74	海琴电器
2×22/5/25	记账凭证第 0007 号	收到货款		768 190.92	借	1 012 327.82	富兴
2×22/5/31	记账凭证第 0012 号	销售钢材	1 876 237.36		借	2 888 565.18	兴隆
2×22/5/31	记账凭证第 0012 号	销售钢材	263 423.47		借	3 151 988.65	华盛
2×22/5/31		本月合计	2 139 660.83	2 817 090.92	借	3 151 988.65	
2×22/5/31		本年累计	10 320 662.32	10 543 673.67	借	3 151 988.65	
2×22/6/2	记账凭证第 0001 号	收到货款		2 664 102.00	借	487 886.65	兴隆
2×22/6/30	记账凭证第 0014 号	销售钢材	478 561.65		借	966 448.30	信源
2×22/6/30	记账凭证第 0014 号	销售钢材	1 617 499.64		借	2 583 947.94	兴隆
2×22/6/30		本月合计	2 096 061.29	2 664 102.00	借	2 583 947.94	
2×22/6/30		本年累计	12 416 723.61	13 207 775.67	借	2 583 947.94	

（续表）

日期	凭证号	摘要	借方金额	贷方金额	借贷方向	余额	辅助核算
2×22/7/20	记账凭证第 0013 号	收到货款		2 560 000.00	借	23 947.94	华盛
2×22/7/31	记账凭证第 0014 号	销售钢材	1 933 699.95		借	1 957 647.89	华盛
2×22/7/31	记账凭证第 0014 号	销售钢材	215 774.70		借	2 173 422.59	富兴
2×22/7/31		本月合计	2 149 474.65	2 560 000.00	借	2 173 422.59	
2×22/7/31		本年累计	14 566 198.26	15 767 775.67	借	2 173 422.59	
2×22/8/12	记账凭证第 0005 号	收到货款		2 171 959.00	借	1 463.59	海琴电器
2×22/8/31	记账凭证第 0010 号	销售钢材	669 850.00		借	671 313.59	华盛
2×22/8/31	记账凭证第 0010 号	销售钢材	1 461 488.02		借	2 132 801.61	富兴
2×22/8/31		本月合计	2 131 338.02	2 171 959.00	借	2 132 801.61	
2×22/8/31		本年累计	16 697 536.28	17 939 734.67	借	2 132 801.61	
2×22/9/11	记账凭证第 0003 号	收到货款		1 490 257.24	借	642 544.37	富兴
2×22/9/30	记账凭证第 0011 号	销售钢材	857 637.00		借	1 500 181.37	富元
2×22/9/30	记账凭证第 0011 号	销售钢材	1 273 877.74		借	2 774 059.11	海琴电器
2×22/9/30		本月合计	2 131 514.74	1 490 257.24	借	2 774 059.11	
2×22/9/30		本年累计	18 829 051.02	19 429 991.91	借	2 774 059.11	
2×22/10/14	记账凭证第 0004 号	收到货款		857 637.00	借	1 916 422.11	兴隆
2×22/10/31	记账凭证第 0010 号	销售钢材	840 424.70		借	2 756 846.81	上海鸿达
2×22/10/31	记账凭证第 0010 号	销售钢材	1 316 561.79		借	4 073 408.60	海琴电器
2×22/10/31		本月合计	2 156 986.49	857 637.00	借	4 073 408.60	
2×22/10/31		本年累计	20 986 037.51	20 287 628.91	借	4 073 408.60	
2×22/11/27	记账凭证第 0011 号	收到货款		2 127 384.12	借	1 946 024.48	信源
2×22/11/30	记账凭证第 0012 号	销售钢材	1 627 003.47		借	3 573 027.95	信源
2×22/11/30	记账凭证第 0012 号	销售钢材	956 300.00		借	4 529 327.95	海琴电器
2×22/11/30		本月合计	2 583 303.47	2 127 384.12	借	4 529 327.95	
2×22/11/30		本年累计	23 569 340.98	22 415 013.03	借	4 529 327.95	
2×22/12/6	记账凭证第 0004 号	收到货款		1 696 953.63	借	2 832 374.32	富元
2×22/12/8	记账凭证第 0006 号	收到货款		257 500.00	借	2 574 874.32	上海鸿达
2×22/12/21	记账凭证第 0010 号	收到货款		1 603 549.95	借	971 324.37	华盛
2×22/12/31	记账凭证第 0020 号	销售钢材	748 800.00		借	1 720 204.37	富元
2×22/12/31	记账凭证第 0020 号	销售钢材	87 750.00		借	1 807 874.37	海琴电器
2×22/12/31	记账凭证第 0020 号	销售钢材	1 904 125.63		借	3 712 000.00	海琴电器
2×22/12/31		本月合计	2 740 675.63	3 558 003.58	借	3 712 000.00	
2×22/12/31		本年累计	26 310 016.61	25 973 016.61	借	3 712 000.00	

表 6-91　　应收账款账龄明细表

2×22 年 12 月 31 日　　金额单位:元

客户名称	金额	账龄				
		0～4 个月	4 个月～1 年	1～2 年	2～3 年	3 年以上
青岛富兴工业设备有限公司	5 289.00	5 289.00				
青岛兴隆电子有限公司	0					
上海鸿达金属模具材料有限公司	655 400.00	655 400.00				
东海琴电器集团有限公司	2 376 300.00	2 376 300.00				
山东华盛机械有限公司	621 640.00		621 640.00			
上海富元金属制品有限公司	156 682.00	156 682.00				
青岛信源模具钢材有限公司	−103 311.00	−103 311.00				
总　计	3 712 000.00	3 090 360.00	621 640.00	0	0	0

表 6-92　　固定资产明细账

科目:1501 固定资产　　2×22 年 1～12 月　　单位:元

日期	凭证号	摘要	借方金额	贷方金额	借贷方向	余额
2×22/1/1		上期结转			贷	5 862 122.00
2×22/1/31		本月合计			平	0
2×22/1/31		本年累计			平	0
2×22/2/29		本月合计			平	0
2×22/2/29		本年累计			平	0
2×22/3/31		本月合计			平	0
2×22/3/31		本年累计			平	0
2×22/4/30		本月合计			平	0
2×22/4/30		本年累计			平	0
2×22/5/31		本月合计			平	0
2×22/5/31		本年累计			平	0
2×22/6/30		本月合计			平	0
2×22/6/30		本年累计			平	0
2×22/7/31		本月合计			平	0
2×22/7/31		本年累计			平	0
2×22/8/13	记账凭证第 0005 号	购买热处理炉子	2 601 488.00		借	8 463 610.00
2×22/8/31		本月合计	2 601 488.00		借	8 463 610.00
2×22/8/31		本年累计	2 601 488.00		借	8 463 610.00
2×22/9/30		本月合计			借	8 463 610.00
2×22/9/30		本年累计	2 601 488.00		借	8 463 610.00
2×22/10/31		本月合计			借	8 463 610.00
2×22/10/31		本年累计	2 601 488.00		借	8 463 610.00
2×22/11/30		本月合计			借	8 463 610.00
2×22/11/30		本年累计	2 601 488.00		借	8 463 610.00
2×22/12/31		本月合计			借	8 463 610.00
2×22/12/31		本年累计	2 601 488.00		借	8 463 610.00

表 6-93　　固定资产台账　　金额单位:元

资产代码	资产名称	数量	单位	部门	所属类别	资产原值	月折旧额	已提折旧	净值	残值率	残值	预计使用年限(年)	启用日期	已用月份(月)	备注
00010001	厂房	1	间	生产部	房屋建筑物	3 205 690.00	8 459.46	456 810.83	2 748 879.18	0.05	160 284.50	30	2×18/06/01	54	
00020001	办公楼	1	栋	行政财务部	房屋及建筑物	1 035 000.00	2 731.25	147 487.50	887 512.50	0.05	51 750.00	30	2×18/06/01	54	
00030001	货车(鲁 BH081G)	1	辆	销售部	运输工具	56 112.00	888.44	47 975.76	8 136.24	0.05	2 805.60	5	2×18/06/01	54	
00030002	货车(鲁 B577DR)	1	辆	销售部	运输工具	68 073.00	1 077.82	51 735.48	16 337.52	0.05	3 403.65	5	2×18/12/01	48	
00020002	小轿车	1	辆	行政财务部	运输工具	119 247.00	1 888.08	90 627.72	28 619.28	0.05	5 962.35	5	2×18/12/01	48	
00010002	锯切机	1	台	生产部	机器设备	260 000.00	2 058.33	111 150.00	148 850.00	0.05	13 000.00	10	2×18/06/01	54	
00010003	锯切机	1	台	生产部	机器设备	260 000.00	2 058.33	111 150.00	148 850.00	0.05	13 000.00	10	2×18/06/01	54	
00010004	锯切机	1	台	生产部	机器设备	260 000.00	2 058.33	111 150.00	148 850.00	0.05	13 000.00	10	2×18/06/01	54	
00010005	锯切机	1	台	生产部	机器设备	280 000.00	2 216.67	59 850.00	220 150.00	0.05	14 000.00	10	2×20/09/01	27	
00010006	操作台	1	台	生产部	机器设备	60 000.00	475.00	25 650.00	34 350.00	0.05	3 000.00	10	2×18/06/01	54	
00010007	操作台	1	台	生产部	机器设备	60 000.00	475.00	25 650.00	34 350.00	0.05	3 000.00	10	2×18/06/01	54	
00010008	操作台	1	台	生产部	机器设备	65 000.00	514.58	13 893.75	51 106.25	0.05	3 250.00	10	2×20/09/01	27	
00010009	热处理炉子	1	台	生产部	机器设备	2 601 488.00	20 595.11	82 380.45	2 519 107.55	0.05	130 074.40	10	2×22/08/01	4	
00020003	电脑	15	台	行政财务部	电子设备	69 000.00	1 820.83	65 550.00	3 450.00	0.05	3 450.00	3	2×18/06/01	36	已提足折旧
00030003	电脑	8	台	行政财务部	电子设备	40 000.00	1 055.56	25 333.33	14 666.67	0.05	2 000.00	3	2×20/12/01	24	
00020004	办公桌椅	36	套	行政财务部	办公设备	21 700.00	572.64	20 615.00	1 085.00	0.05	1 085.00	3	2×18/06/01	36	已提足折旧
00020005	复印打印机	1	台	行政财务部	电子设备	2 300.00	60.69	2 185.00	115.00	0.05	115.00	3	2×18/06/01	36	已提足折旧

固定资产贷款合同

编号：(2×22)贷字第029号

交通银行股份有限公司

重要提示

请借款人认真阅读本合同全文，尤其是带有▲▲标记的条款。如有疑义，请及时提请贷款人予以说明。

借　款　人：高质模具有限责任公司

法定代表人(负责人)：刘宏

法定地址：青岛市市南区徐州路52号1号楼302室

通信地址：青岛市市南区徐州路52号1号楼302室

贷款人：交通银行股份有限公司青岛市南第一支行

负责人：王建国

通讯地址：青岛市市南区福州南路33号

鉴于借款人向贷款人申请固定资产贷款，为明确双方权利义务，借款人与贷款人经协商一致，特订立本合同。

第一条　贷款

1.1　币种：人民币

1.2　金额(大写)：叁佰万元整

1.3　本合同项下的贷款仅限用于购买热处理设备　项目用款

1.4　贷款期限：自2×22年8月25日至2×23年8月24日。

第二条　利率及利息的计付

2.1　提用贷款为人民币的，实行人民币浮动利率，具体利率约定为：

2.1.1　合同利率为□本合同生效时　☑首次放款日 6个月至1年(含1年)　(期限)　☑基准利率　□基准利率上浮 / □基准利率下浮 / 。

2.1.2　合同期内凡遇中国人民银行调整基准利率的，按以下第 (2) 种方式确定本合同利率调整日。自合同利率调整日起，按合同利率调整日相应利率档次执行调整后的利率，上(下)浮幅度不变。

(1) 以中国人民银行利率调整日为合同利率调整日。

(2) 自贷款实际发放日起(分笔发放的以第一笔贷款发放日为准)，每满□月　□季　□半年　☑年的当日为合同利率调整日。

(3) 次年的1月1日为合同利率调整日。

(4) ______/______。

2.1.3　如遇中国人民银行调整后的基准利率为浮动利率或取消基准利率的，双方就本合同贷款利率另行协商调整，但调整后利率不低于当时适用的利率；自中国人民银行调整日起超过1个月，双方仍未就调整后利率达成一致的，贷款人有权宣布本合同项下贷款全部提前到期。

2.2　提用贷款为外币的，利率约定为：

 / (外币币种)，利率为 / 。

2.3　日利率＝月利率/30，月利率＝年利率/12。

2.4　利息的计算

2.4.1　正常利息＝本合同约定利率×放款金额×占用天数。占用天数从放款日计算至到期日。

2.4.2　逾期贷款和挪用贷款的罚息依逾期或挪用的金额和实际天数计算。贷款币种为人民币的，逾期贷款的罚息利率按本合同约定利率上浮50%，挪用贷款的罚息利率按本合同约定利率上浮100%；浮动利率贷款逾期或挪用后遇中国人民银行调整基准利率的，贷款人有权相应调整本合同罚息利率，自中国人民银行利率调整日起适用新的罚息利率。贷款币种为外币的，罚息利率为：□按本合同约定利率上浮 / ；□______/______。

2.5　本合同项下的贷款按下列第 (2) 种方式结息，贷款最后到期时利随本清。结息日为付息日：

(1) 每季末月的20日结息。

(2) 每月的20日结息。

(3) 每年6月和12月的20日结息。

(4) 每年12月的20日结息。

(5) ___/___。

2.6　其他利率约定

___/___

第三条　贷款的发放与支付

▲▲3.1　本合同项下贷款可分次提款，但借款人各次提款金额之和不得超过第一条约定金额。根据本合同第九条的约定，借款人可以其他币种(指第1.1条约定币种外的币种)提用贷款的，仅为确定剩余可提款金额的目的，按交通银行公布的每日日始的汇率折算，若没有可直接适用的汇率，由交通银行按合理方式确定的汇率折算。

3.2　借款人指定下述账户为放款账户，该账户☑是□不是借款人在贷款人处开立的专门贷款发放账户。

户名：高质模具有限责任公司

账号：372005510018170012837

开户行：交通银行青岛市南第一支行

3.3　在每次提款前，借款人须至少提前5个银行工作日办理相关提款手续，并明确支付方式(贷款人受托支付或借款人自主支付)，每次提款只能采用一种支付方式。

3.4　贷款人受托支付是指贷款人根据借款人的受托支付委托书，在按本合同约定发放贷款后，直接将贷款资金通过借款人账户支付给符合本合同约定用途的借款人交易对手。

采用贷款人受托支付的，借款人须向贷款人提交提款申请书、贷款人规定格式的受托支付委托书、借款凭证、相应的结算业务申请书/支票/贷记凭证及贷款人要求的其他资料，明确提用贷款的金额及付款的对象和金额，提用贷款的金额应与需付款的总额相等。

借款人拟进行的支付不符合本合同约定的，贷款人有权拒绝支付，并退回借款人提交的受托人支付委托书。

贷款人同意支付的，如因借款人提供的信息有误而无法对外支付或发生支付退款的，借款人须在贷款人规定的时限内重新提交载有正确信息的相关凭证和资料。

3.5　借款人自主支付是指贷款人根据本合同约定将贷款资金发放至借款人账户后，由借款人自主支付给符合本合同约定用途的借款人交易对手。

采用借款人自主支付的，借款人须向贷款人提交提款申请书、借款凭证、资金使用说明及贷款人要求的其他材料。借款人须于 / (日期)向贷款人汇总报告贷款资金支付情况。贷款人有权通过账户分析、凭证查验、现场调查等方式核查贷款支付是否符合约定用途，借款人须配合贷款人的核查。

3.6　实际的放款日和放款金额以《借款凭证》的记载为准。

第四条　贷款的偿还

4.1　贷款的还款来源包括但不限于贷款项目产生的销售收入、补贴收入、折旧及借款人的其他收入。本款关于还款来源的约定在任何情况下均不应影响借款人按本合同约定还本付息的义务。

4.2　借款人须按本合同第1.4条的到期日及下述约定归还贷款本金，《借款凭证》记载的到期日与本合同约定不一致时，以《借款凭证》的记载为准：

还款时间　　币种　　　还款金额

2×23年8月24日；　叁佰万元整　(大写金额)；

__/__年__/__月__/__日；______/______(大写金额)；
__/__年__/__月__/__日；______/______(大写金额)；
__/__年__/__月__/__日；______/______(大写金额)；
__/__年__/__月__/__日；______/______(大写金额)；

▲▲4.3　未经贷款人书面同意，借款人不能提前归还贷款。

4.4　开立专门贷款发放账户的，借款人指定下述账户为还贷结算账户，用于贷款还贷、贷款资金划转费用等核算处理。

户名：高质模具有限责任公司

账号：37200551001817001283７

开户行：交通银行青岛市南第一支行

▲▲第五条　借款人的陈述与保证

5.1　甲乙双方选择履行本条第__(1)__款。

(1) 本合同借款无担保。

(2) 本合借款的担保方式为____/____，由乙方与担保人就本合同的具体担保事项签订编号为____/____的担保合同。

5.2　借款人依法设立并合法存续，具备所有必要的权利能力，能以自身名义履行本合同的义务并承担民事责任，且具备贷款项目投资主体资格和经营资质要求。

5.3　签署和履行本合同是借款人真实的意思表示，并经过所有必须的同意、批准及授权，不存在任何法律上的瑕疵。

5.4　借款人在申请贷款以及签署和履行本合同过程中向贷款人提供的全部文件、报表、资料(含与交易对手的交易资料)及信息是真实、准确、完整和有效的，未遗漏、隐瞒可能影响贷款人评价其财务状况、还款能力和贷款项目情况的任何信息。

5.5　贷款项目符合国家的产业、土地、环保等相关政策，并按规定履行了固定资产投资项目的合法管理手续。

第六条　贷款人的权利

6.1　贷款人有权按照本合同约定收回贷款本金、利息(包括复利、逾期及挪用罚息)，收取借款人应付的费用，行使法律规定或本合同约定的其他权利。

6.2　贷款人有权按相关监管规定和本合同约定对贷款资金支付进行管理和控制，并有权按本合同约定对相关账户实施监控。

第七条　借款人的义务

7.1　借款人应当按本合同约定的时间、金额和贷款提用的币种偿还本合同项下的贷款本金并支付利息。

7.2　借款人应按本合同约定用途使用贷款，不应将本合同项下贷款挪作他用。借款人应按约定方式支用贷款资金，不得以化整为零方式规避贷款人受托支付；采用借款人自主支付的，单笔贷款资金支付应不超过合同约定限额。

▲▲7.3　借款人应承担本合同项下的费用支出，包括但不限于公证费、鉴定费、评估费、登记费等。

借款人应承担贷款资金支付(包括贷款人受托支付和借款人自主支付)的结算费用，应按贷款人规定的收费项目、费率和时间等按时足额支付相应费用。

开立专门贷款发放账户的，贷款资金支付(包括贷款人受托支付和借款人自主支付)时，收款账户不属于在交通银行开立的账户的，资金支付均通过人民银行支付系统办理。

放款账户不是专门贷款发放账户的，贷款资金支付(包括贷款人受托支付和借款人自主支付)时，收款账户为异地他行账户的，资金支付均通过人民银行支付系统办理。

▲▲7.4　借款人应遵循贷款人与办理贷款业务相关的业务制度及操作惯例，包括但不限于配合贷款人对贷款使用情况和借款人经营情况的监督检查，及时提供贷款人要求的一切财务报表、其他资料及信息，并保证所提供文件、资料和信息是真实、完整、准确的。

▲▲7.5　借款人有下列任一事项时，应当至少提前30天书面通知贷款人，并且，在清偿本合同项下全部贷款本息或提供贷款人认可的还款方案及担保前不应采取行动：

(1) 出售、赠与、出租、出借、转移、抵押、质押或以其他方式处分全部或大部分资产或重要资产。

(2) 经营体制或产权组织形式发生或可能发生重大变化，包括但不限于实施承包、租赁、联营、公司制改造、股份合作制改造、企业出售、合并(兼并)、合资(合作)、分立、设立子公司、股权转让、产权转让、减资等。

(3) 对外投资超过人民币__/__万元或实质性增加债务融资超过人民币__/__万元。

▲▲7.6　借款人应当在下列事项发生或可能发生之日起7日内书面通知贷款人：

(1) 修改章程，变更企业名称、法定代表人(负责人)、住所、通讯地址或营业范围等工商登记事项，做出对财务、人事有重大影响的决定。

(2) 借款人或担保人拟申请破产或可能或已被债权人申请破产。

(3) 涉及重大诉讼、仲裁、行政措施，或者，主要资产、贷款项目资产或本合同项下担保物被采取了财产保全或其他强制措施。

(4) 为第三方提供担保，并因此而对其经济状况、财务状况或履行本合同项下义务的能力产生重大不利影响。

(5) 签署对其经营和财务状况有重大影响的合同。

(6) 借款人或担保人停产、歇业、解散、停业整顿、被撤销或营业执照被吊销。

(7) 借款人、借款人的法定代表人(负责人)或主要管理人员涉及违法违规或违反所适用的交易所规则。

(8) 经营出现严重困难，财务状况恶化，或发生对借款人经营、财务状况或偿债能力或经济状况有负面影响的其他事件。

(9) 发生关联交易，且交易金额达到或超过最近经审计的净资产的10%。

(10) 在清偿本合同项下全部债务前，借款人成为或可能成为担保人的股东或《中华人民共和国公司法》所定义的“实际控制人”。

第八条　其他约定事项

/

▲▲第九条　贷款的提前到期

9.1　出现以下任一情形的，均视为本合同的“提前到期事件”：

(1) 借款人在第五条项下所作陈述与保证不真实。

(2) 第7.6条所列应通知的任何事项之一实际发生，贷款人认为将影响其债权的安全。

(3) 借款人违反本合同的约定。

(4) 借款人在履行与贷款人订立的其他合同或与第三人订立的合同时，有违约行为或债务可能或已经被宣布提前到期的。

9.2　当出现任一“提前到期事件”时，贷款人有权采取以下一项、多项或全部措施：

(1) 停止发放借款人尚未提用的贷款。

(2) 对借款人已提用但尚未使用的贷款，停止办理支付。

(3) 要求借款人在限定时限内与贷款人协商补充贷款发放和支付条件。

(4) 要求借款人按贷款人的要求变更支付方式，开立专门贷款发放账户。

(5) 单方面宣布合同项下已发放的贷款本金全部提前到期并要求借款人立即偿还所有到期贷款本金并结清利息。

▲▲第十条　违约

10.1　借款人未按时足额偿还贷款本金、支付利息或未按本合同约定用途使用贷款的，贷款人按逾期贷款的罚息利率或挪用贷款的罚息利率计收利息，并对应付未付利息计收复利。

10.2　借款人未按时足额偿还贷款本金、支付利息的，应当承担贷款人为实现债权而支付的催收费、诉讼费（或仲裁费）、保全费、公告费、执行费、律师费、差旅费及其他费用。

10.3　借款人有逃避贷款人监督、拖欠贷款本金及利息、恶意逃废债等行为时，贷款人有权将该种行为向有关单位通报，并在新闻媒体上公告。

▲▲第十一条　扣划约定

11.1　借款人授权：有到期应付的贷款本金、利息、罚息、复利或其他费用时，贷款人有权扣划借款人在交通银行开立的任一账户中的资金用于清偿。

11.2　扣划后，贷款人应将扣划所涉账号、借款合同号、《借款凭证》编号、扣划金额及剩余的债务金额通知借款人。

11.3　扣划所得款项不足以清偿借款人全部债务时，应先用于抵偿到期未付的费用。本金及利息逾期不足90天的，抵偿费用后的余额先用于抵偿到期未付的利息或罚息、复利，再用于抵偿到期未付的本金；本金或利息逾期90天及以上的，抵偿费用后的余额先用于抵偿到期未付的本金，再用于抵偿到期未付的利息或罚息、复利。

11.4　扣划所得款项与需抵偿的债务币种不一致的，按交通银行在扣划时公布的汇率折算为抵偿债务的金额。

第十二条　通知

12.1　借款人在本合同中填写的联系方式（包括通信地址、联系电话、传真号码等）均真实有效。任一联系方式发生变更，借款人应立即以书面方式将变更信息寄/送至贷款人在本合同填写的通讯地址。该等信息变更仅在贷款人实际收到更改通知并更改有关记录后生效。

12.2　除本合同另有明确约定外，贷款人对借款人的任何通知，贷款人有权通过以下任一方式进行。贷款人有权选择其认为合适的通知方式，且在任何情况下均无需对邮递、传真、电话或任何其他通信系统所出现的任何传送失误、缺漏或延迟承担任何责任。贷款人同时选择多种通知方式的，以其中较快到达借款人者为准。

(1) 公告，以贷款人在其网站、网上银行、电话银行或营业网点发布公告之日视为送达日。

(2) 专人送达，以借款人签收之日视为送达日。

(3) 邮递（包括特快专递、平信邮寄、挂号邮寄）送达于贷款人最近所知的借款人通讯地址，以邮寄之日后的第3日（同城）/第5日（异地）（即使该邮件可能被退回）视为送达日。

(4) 传真或其他电子通讯方式送达于贷款人最近所知的借款人传真号码或电子通讯地址，以发送之日视为送达日。

第十三条　信息披露与保密

13.1　贷款人应对借款人的商业秘密及其他书面标注需保密的信息和资料负保密责任，但下列情形除外：

(1) 适用法律法规或上市规则要求披露的。

(2) 司法部门或政府部门要求披露的。

(3) 向贷款人的外部专业顾问披露的。

(4) 借款人同意或授权贷款人进行披露的。

13.2　借款人同意交通银行在如下情形可以使用或披露所有有关借款人的信息和资料，包括但不限于借款人的基本信息、信贷交易信息及其他相关信息和资料等，愿意承担由此产生的一切后果：

(1) 为下列目的向业务外包机构、第三方服务供应商、其他金融机构及贷款人认为必要的其他机构或个人,包括但不限于交通银行的其他分支机构,或者交通银行完全或部分拥有的子公司,披露和允许其使用该等信息和资料:①为开展贷款业务或与贷款业务有关,例如推广交通银行贷款、催收借款人欠款、转让贷款债权等。②为贷款人向借款人提供或可能提供新产品或服务或进一步提供服务。③为更好地维护、管理和提升客户关系。

(2) 将该等信息和资料提供给中国征信中心和其他经中国人民银行批准建立的征信机构或信用信息数据库。

(3) 为业务运营、管理、统计、分析和风险控制的目的使用或允许第三方在保密的基础上使用该等信息和资料。

第十四条　争议解决

本合同适用中华人民共和国法律。合同项下争议向贷款人所在地有管辖权的法院起诉。争议期间,各方仍应继续履行未涉争议的条款。

第十五条　其他条款

▲▲15.1　借款人同意贷款人因贷款申请及贷后管理查询并留存借款人的信用信息。

15.2　本合同项下的《提款申请书》格式以及双方签署的《提款申请书》《受托支付委托书》《借款凭证》和双方确认的相关文件、资料均为本合同不可分割的组成部分。

15.3　本合同经借款人法定代表人(负责人)或授权代表签字(或盖章)并加盖公章、贷款人负责人或授权代表签字(或盖章)并加盖单位印章后生效。

15.4　本合同正本一式伍份,签约双方及担保人(如有)各执一份。

借款人已通读上述条款,贷款人已应借款人的要求作了相应说明,借款人对所有内容无异议。

借款人(公章)	贷款人(单位印章)
法定代表人(负责人)或授权代表 (签字或盖章)	负责人或授权代表 (签字或盖章)
签署日:2×22 年 8 月 15 日	签署日:2×22 年 8 月 15 日

流动资金借贷合同　　　　编号:(2×21)贷字第 137 号

立合同单位:

交通银行青岛市南第一支行(以下称贷款方)

高质模具有限责任公司(以下称借款方)

________(以下称保证方)

为明确责任,恪守信用,特签订本合同,共同信守。

一、贷款种类:流动资金贷款

二、借款金额(大写):壹佰万元整

三、借款用途:经营资金周转

四、借款利率:

1. 本合同借款利率为固定利率,根据合同签订日相应档次的法定贷款利率确定,为年利率 6.56%。

2. 本合同借款自乙方划出资金之日起计息,按 月 (月/季)结息,结息日为每月的 20 日(每月的 20 日/每季度末月 20 日)。

五、借款期限

借款时间自2×21年10月23日，至2×22年10月22日止。借款实际发放和期限以借据为凭分次或一次发放和收回。借据应作为合同附件，同本合同、具有同等法律效力。

六、贷款的发放

借款人指定下述账户为放款账户：

户名：高质模具有限责任公司

账号：37200551001817001 2826

开户行：交通银行青岛市南第一支行

七、还款资金来源及还款方式

1. 还款资金来源：经营资金

2. 还款方式：按月付息，到期一次偿还本金。

八、保证条款

借款方请 / 作为自己的借款保证方，经贷款审查，证实保证方具有担保资格和足够代偿借款的能力。保证方有权检查和督促借款方履行合同。当借款方不履行合同时，由保证方连带承担偿还借款本息的责任。必要时，贷款方可以从保方的存款账户内扣收贷款本息。

九、违约责任

1. 签订本合同后，贷款方应在借款方提出借据 3 日内(假日顺延)将贷款放出，转入借款方账户。如贷款方未按期发放贷款，应按违约数额和延期天数的贷款利息的20%计算向借款方偿付违约金。

2. 借款方如不按合同规定的用途使用借款，贷款方有权收回部分或全部贷款。对违约使用部分，按银行规定加收罚息。借款方如在使用借款中造成物资积压或损失浪费，或进行非法经营，贷款方不负任何责任，并有权按银行规定加收罚息或从存款户中扣收贷款本息。如借款方有意转移并违约使用资金，贷款方有权商请其他开户行代为扣款清偿。

3. 借款方应按合同规定的时间还款。如借款方需要将借款展期，应在借款到期前5日内向银行提出申请，有保证方的，还应由保证方签署同意延长担保期限，经贷款方审查同意后办理展期手续。如借款方不按期偿还借款，贷款方有权限期追回贷款，并按银行规定加收逾期利息和罚息。如企业经营不善发生亏损或虚盈实亏，危及贷款安全时，贷款方有权提前收回贷款。

十、其他

除因《借款合同条例》规定允许变更或解除合同的情况外，任何一方当事人不得擅自变更或解除合同。当事人一方依据《借款合同条例》要求变更或解除合同时，应及时采用书面形式通知其他当事人，并达成书面协议。本合同变更或解除后，借款方占用的借款和应付的利息，仍应按本合同的规定偿付。

本合同经各方签字后生效，贷款本息全部清偿后自动失效。

本合同正本一式三份。贷款方、借款方、保证方各执一份；合同副本 五 份，报送有关单位各留存一份。

贷款方：(公章)交通银行市南第一支行　　借款方：(公章)高质模具有限责任公司

法人代表：(盖章) 王建国　　法人代表：(盖章) 刘宏

保证方：(公章)

阅读·分享

十年磨一剑　利刃秉公持

——记第21届全国青年岗位能手张楠

辽宁金信会计师事务所有限公司副主任会计师张楠被评选为第21届全国青年岗位能手。“审计实务包含多种类型，涉及各种不同行业，对审计出来的问题要向客户提出有建设性的整改意见和建议。”张楠表示，这个行业对专业理论水平和实务水平要求都很高，除了通过工作中各种途径努力学习和钻研业务知识，还需充分利用业余时间进行学习。审计工作是项繁琐又忙碌的工作，虽然项目一个接一个，但张楠还是“忙里偷闲”，不断通过学习补充自己的专业能力，先后考取税务师、注册会计师、资产评估师、高级会计师。

张楠客观、公正地开展审计业务，积极在行业内起到带头模范作用。在一次对某拆迁补偿项目进行审计时，企业为了能多获取政府补偿，私下找到张楠，意图让其在审计过程中按照有利于企业的标准和方法计算拆迁补偿费用，并递给他一个厚厚的信封。张楠当场拒绝并明确表示，必须按照客观、公正的原则审计。

在直接承办或主管完成的各项重大审计业务中，张楠都能出色完成审计项目。让客户满意是张楠对自己及项目成员的工作要求。“我们将抓好职业道德教育，并将此作为事务所提高素质的基础工程，对全所人员进行‘敬业、爱岗’思想教育，要求大家贯彻执行注册会计师职业道德守则，明确‘以德为本，以质取胜’的根本道理。”张楠表示。

你未来的职业规划是怎样的？把你的想法和困惑与同学和老师交流一下。

资料来源：吴进. 十年磨一剑 利刃秉公持[N]. 中国会计报，2022-10-21(003).